As Máscaras Mutáveis do Buda Dourado

Coleção Estudos
Dirigida por J. Guinsburg

Equipe de realização – Tradução: Nanci Fernandes; Revisão de provas: Iracema A. de Oliveira e Lilian Miyoko Kumai; Sobrecapa: Sergio Kon; Produção: Ricardo Neves e Raquel Fernandes Abranches.

Mark Olsen

AS MÁSCARAS MUTÁVEIS DO BUDA DOURADO
ENSAIOS SOBRE A DIMENSÃO ESPIRITUAL
DA INTERPRETAÇÃO TEATRAL

 PERSPECTIVA

Título do original em inglês
The Golden Buddha Changing Masks

Copyright © 1989 by Gateways. All rights reserved printed in the U.S.A. – First Printing – Published by Gateways IDHHB, INC.

Dados Internacionais de Catalogação na Publicação (CIP)
(Câmara Brasileira do Livro, SP, Brasil)

Olsen, Mark
　　As máscaras mutáveis do Buda Dourado : ensaios sobre a dimensão espiritual da interpretação / Mark Olsen ; [tradução Nanci Fernandes]. — São Paulo : Perspectiva, 2004. — (Estudos ; 207)

　　Título original: The Golden Buddha changing masks : essays on the spiritual dimension of acting.
　　ISBN 85-273-0706-5

　　1. Arte dramática 2. Vida espiritual I. Título. II. Título: Ensaios sobre a dimensão espiritual da interpretação. III. Série.

04-7732　　　　　　　　　　　　　　　　　　CDD-792.028

Índices para catálogo sistemático:
1. Arte dramática : Interpretação : Dimensão espiritual : Artes da representação 792.028
2. Interpretação teatral : Dimensão espiritual : Artes da representação 792.028

Direitos reservados para o Brasil
EDITORA PERSPECTIVA S.A.
Av. Brigadeiro Luís Antônio, 3025
01401-000 São Paulo SP Brasil
Telefax: (11) 3885-8388
www.editoraperspectiva.com.br
2004

Este livro é dedicado aos meus professores, que me desafiaram, guiaram e que me incitaram a continuar pesquisando. Também é dedicado à minha colega, parceira e esposa Jane, cujo amor e apoio me deram a coragem para continuar escrevendo.

Sumário

Apresentação – *Nanci Fernandes* XI
Prefácio – *Ruby Allen* XIII
Introdução XV

1. O Ator 1
2. História 7
3. Stanislávski, o Realista Místico 21
4. O Tao da Interpretação 31
5. O Que Está Acontecendo Aqui? 37
6. O Sono e o Despertamento 43
7. Os Corpos Superiores 51
8. O Objetivo Superior 57
9. A Mentalização 61
10. Os Portais 67
11. A Energia Sexual e a Interpretação 79
12. Dualidade e Extensão do Progresso 89
13. Palavras de Advertência 95
14. Canalização 103

15. Exercícios Práticos 119
    Olhos de Criança 120
    Estimule-se até Cair na Risada 121
    Viajando no Tempo 122
    O Messias 124
    Retrospectiva de Vida 128
    Artefato Interior 128
    Perspectiva Seletiva 131
    Aldeia dos Idiotas 132
16. Considerações Finais 135

Glossário 137
Índice Remissivo 141

Apresentação

Não resta a menor dúvida de que, ao refletirmos atentamente sobre as origens do ator, bem como sobre o significado do seu papel na sociedade, esta figura fundamental do teatro adquire dimensões interessantes e inusitadas. Desde as origens religiosas do teatro ocidental na Grécia, o ator confunde-se com a sua dúplice função: parte essencial do fenômeno teatral, ele introjeta a mística da divina essência humana ao mesmo tempo que, refletindo em si o seu semelhante, dirige-se à platéia buscando entregar-lhe uma visão profundamente relevante e estética do homem na sua mais pura expressão. Ao encarnar os personagens o ator dá-lhe não apenas corpo, voz, nervos e sentimentos: dá-lhe a totalidade do seu ser em situação e na sua imanência. Os seres que vivem e dos quais se apossa tornam-se a sua razão e a sua alma, o salto que dá em direção a sua posse afigura-se uma irrecusável, irrestrita e absoluta integração: os homens que daí emergem são, a cada vez, outros tantos seres humanos paridos compassivamente nessa incessante identificação e projeção. É óbvio, portanto, que o mergulho do ator na criação de seus papéis implica, paradoxalmente, uma anulação de si mesmo em paralelo com uma aderência ilimitada ao ego do seu personagem. Donde, inequivocamente, ressaltam os aspectos espirituais tanto das origens do ator, como também das facetas mesmas do processo que ele enceta para cumprir, a cada vez, o processo de criação que o revelará para sua platéia.

No Brasil, a história do ator profissional inicia-se quando João Caetano, em 1833, fundou a primeira companhia de atores brasileiros. Dessa data até hoje, a formação dos nossos atores caminhou desde a simples cópia dos modos e métodos dos atores europeus – perpassados pelo autodidatismo –, até a sofisticação encontrável nos principais centros e elencos teatrais do nosso país. À descoberta de Stanislávski, na segunda metade do século XX, vieram somar-se metodologias e formas novas gestadas e criadas nos principais centros de referência do teatro ocidental. Tais conhecimentos e acréscimos enriqueceram não somente os atores profissionais como também, na esteira da renovação e modernização, os demais componentes do teatro brasileiro – encenação, dramaturgia, cenografia etc. –, passaram a integrar o currículo e a massa crítica das várias escolas brasileiras de atores, notadamente aquelas nascidas ou criadas nas universidades. Assim sendo, essa busca pelo aprimoramento da interpretação é fator fundamental, a nosso ver, para se criar, no âmbito da formação de atores, as pontes desejáveis que os possibilitem ligar aos vários movimentos contemporâneos visando tanto o aperfeiçoamento, como novos *insights* necessários ao trabalho do ator.

É sob essa ótica que o Prof. Iacov Hillel, renomado diretor teatral e operístico, nos sugeriu a publicação da presente obra. Desnecessário dizer que seu conteúdo e exercícios integram uma das práticas utilizadas por esse professor nos cursos que ministra na Escola de Arte Dramática da Universidade de São Paulo. Assim, tanto o valor intrínseco do livro de Mark Olsen, como as referências do prof. Hillel, levaram a editora Perspectiva a oferecer ao seu leitor esta moderna e instigante ferramenta para o preparo do trabalho do ator, qual seja, uma intersecção entre o teatro ocidental e o oriental dentro da moderna prática do ator contemporâneo sob o ponto de vista espiritual. Talvez, mais do que um mergulho na dimensão espiritual do trabalho de interpretação, o grande mérito de *As Máscaras Mutáveis do Buda Dourado* será nos levar de volta ao desvendamento do mistério que subjaz no processo de preparação e apresentação do ator perante o seu público, fato que por si só já o coloca como um *quid* necessário na reflexão a respeito do trabalho do ator.

Nanci Fernandes
Profª da EAD – Escola de Arte Dramática da ECA/USP

Prefácio

Em *As Máscaras Mutáveis do Buda Dourado*, Mark Olsen pergunta: "Por que a inspiração e o desenvolvimento da dimensão espiritual deveriam ser relegados apenas aos poetas, músicos, pintores e dançarinos? O ator, igualmente, tem o direito e os recursos para penetrar nos misteriosos portais e esforçar-se para despertar".

Neste livro inovador e estimulante, o autor recorda os anseios espirituais que deram impulso à arte da interpretação no passado distante; detalha minuciosamente como o caminho espiritual para o despertamento corre em paralelo, sob importantes aspectos, à linha de conduta do ator, na medida em que ele prepara seu corpo, voz, intelecto e espírito, para o exercício de sua atividade. Numa surpreendente revisão de Stanislávski, Olsen traz à luz a forte influência da perene sabedoria das tradições, inclusive a hindu, sobre o homem que formulou uma das mais influentes teorias de interpretação do moderno teatro ocidental.

Acima de tudo, numa era em que o entretenimento de massas e as necessidades comerciais às vezes parecem ter quase obliterado a prática espiritual e ritual que o teatro trouxe para a vida, Mark Olsen relembra a atores e pessoas de teatro quem realmente somos e quem ainda poderemos nos tornar caso tenhamos disciplina e coragem suficientes.

Seguramente este livro deve ser saudado com alegria e auspício pelo fato de, finalmente, termos sido alertados a respeito da "estrada menos percorrida" que sempre existiu à nossa frente, mas que aguardava para ser reintroduzida por uma nova geração de artistas.

Para aqueles ansiosos por começar a jornada, o livro está cheio de exercícios práticos e sugestões para principiantes; um passo a cada vez, a fim de reconectar as suas energias artísticas aos recursos antigos de poder e alegria.

Ruby Allen, Ph.D.
Diretor de Voz e Treinamento de Dicção
The Florida State University/
Asolo Conservatory of Professional Actor Training

Introdução

Não existem acidentes. Não ocorreu nenhum acidente para que eu escrevesse este livro e não há nenhum acidente para que você o esteja lendo. Este livro chegou até você porque, de algum modo, você está ligado às artes cênicas e esteve também exposto a uma ou mais facetas do problema espiritual. Ou talvez você seja estudante de uma religião tradicional, envolvido numa das miríades de caminhos em direção à auto-realização, esclarecimento ou qualquer outro termo que você queira usar a fim de descrever um estado envolvente de consciência, na expectativa de incrementar o seu conhecimento. Talvez, como eu, você confesse que se encontra em ambos os casos.

Quaisquer que sejam as circunstâncias, é meu desejo que este livro possa supri-lo, com perspectivas revigorantes e esclarecedoras na sua pesquisa.

Comecei a escrevê-lo porque percebi que ele *deveria* ser escrito. Vi também muitos "acidentes casuais" e, enfrentei muita luta no sentido de apoiar-me em minhas descobertas interiores.

Imagino que, para alguns, inevitavelmente um ou mais ensaios deste livro poderão parecer simplistas; enquanto, para outros, cada um deles será inovador e profundamente importante. Independe do nível que você tenha atingido na sua busca, incito-o a ler o texto lenta e cuidadosamente, bem como a ler apenas quando você estiver completamente atento.

Muitos aspectos deste livro foram escritos sob vários planos ao mesmo tempo, e você precisará de paciência e certo grau de penetração contemplativa a fim de compreendê-los inteiramente. Mesmo que se veja confuso ou ache que já ouviu tudo isso anteriormente – desacelere e leia com novos olhos. Você será recompensado com abordagens surpreendentes e inesperadas.

Quando eu era criança, fui exposto a muitos ensinamentos religiosos. Testemunhei rituais de índios americanos e tive a minha quota de visões, vozes e sobressaltos durante a noite. Quando me tornei adulto, o teatro transformou-se numa válvula de escape para a energia criativa e uma indispensável estratégia de base. Foi no mundo do teatro que comecei a extrair algum sentido do mundo exterior e a encarar o imenso mundo que havia dentro de mim.

Apesar de ter sido considerado um ator altamente expressivo no colégio, sentia que o meu verdadeiro chamado era para o mundo da mímica. Eu tinha um talento natural para ela e continuei a treinar quando aparecia qualquer ocasião.

Talvez tenha sido o silêncio dessa forma artística, ou quem sabe tenha sido, nessa época, justamente o meu destino pessoal, o principal é que, por uma razão qualquer fui continuamente me deparando com ensinamentos e mestres de várias tradições espirituais. Houve momentos de compreensão tão profundos que senti meu corpo vibrar até os dedos dos pés, e momentos – com muita freqüência – em que me vi encerrado em uma angústia confusa, sentindo-me perdido e insuportavelmente só.

Como se pode prever, descobri que esse estado de conhecimento/não conhecimento alimentava sutilmente o meu desabrochar artístico por isso mantive um ávido envolvimento com o trabalho espiritual.

Finalmente, tive a grande sorte de atuar e excursionar como integrante do espetáculo de mímica e máscaras internacionalmente aclamado, o *Mummenschanz*. A excursão me expôs a inúmeras novas culturas, idéias e experiências, marcadas muitas vezes por encontros com profundos mestres espirituais. Gradualmente, sobretudo imperceptivelmente, comecei a afastar-me das antigas aspirações teatrais, bem como a aprofundar-me, cada vez mais intensamente, nos assuntos espirituais.

Quanto mais me aprofundava, mais tinha a impressão de lidar com algo que se assemelhava à profissão de ator. Mesmo quando quis me estabelecer e trabalhar no principal circuito de atuação, foi quase impossível – porém, não devido às razões comuns. O que acontecia era que eu tinha visto coisas demais: índios fazendo chover; um mestre cantando com alma em meio ao perfume de rosas que inebriava a sala; o avistamento de um Ovni; profundas experiências de cura xamânica; estados profundos de meditação; o Buda Dourado que se manifestou nos meus sonhos; mestres com percepções reais que emanavam do seu ser; lampejos mentais de sincronicidade e visões tão atordoantes que destruíram a minha realidade normal. O teatro simplesmente sucumbia na comparação.

Todavia, na medida em que os aspectos brilhantes de minha busca começaram a tomar forma como um conjunto global, não somente eles perderam o seu encanto hipnótico como também comecei a perceber a notável relação entre trabalho espiritual e atuação.

Meus estudos de interpretação começaram a desenvolver-se mais uma vez e, logo, fui requisitado a ensinar em várias instituições, tanto no campo acadêmico quanto no terapêutico. E na medida em que eu evoluía nesse novo caminho, comecei a perceber alguns padrões e conexões que, gradualmente, produziram uma nova síntese em mim, seja no campo espiritual, seja no campo da interpretação.

Evidentemente, não me encontrava isolado. É óbvio para todos aqueles que trabalham nas artes da representação que há nesta atividade vivo ressurgimento dos assuntos espirituais. Atores e atrizes famosos têm confessado o seu envolvimento com uma grande variedade de caminhos espirituais, abrangendo desde as otimistas bases de métodos orientais de cura, até toda uma série de relatos de profundas revelações místicas, de canalizações em transe e de contatos com "o Além".

De fato, todos os meus "quase famosos" amigos de profissão envolveram-se, virtualmente, com algum tipo de busca espiritual. Alguns estão ligados a "ismos" de todos os tipos, enquanto outros preferem trabalhar mais vinculadamente à terapia. Muitos deles retornaram às tradições da fé de suas famílias com renovado vigor, compreensão e empenho.

O que por vezes acontece, no entanto – e isto é uma verdadeira tragédia –, é o seguinte: pesquisadores profundamente dedicados alcançam determinado ponto no seu desenvolvimento quando, então, sentem-se compelidos ou a abandonar as artes da interpretação, ou a devotar-se totalmente a uma tradição espiritual, ou então a negligenciar as suas obrigações espirituais e voltar à sua amada profissão. Normalmente, por estar ligada aos dois mundos, a pessoa não consegue dar conta nem de um e nem do outro, sofrendo cruelmente.

Esta inércia pode ser perniciosa de inúmeras formas – fatais até. O pesquisador sente-se paralisado como se ele (ou ela) sucumbisse às contradições e lutasse contra vozes interiores. Isto pode abrir caminho para uma espécie de derrotismo, desferindo um golpe crítico à auto-imagem de alguém e solapando as oportunidades que encontra para oferecer contribuições em uma ou outra esfera (a propósito, J. D. Salinger explora com carinho este tema no seu excelente conto "Zooey").

Eventualmente, o ego do ator – o aspecto normalmente empregado para infundir coragem e atração – torna-se excessivamente inflado pela exposição à informação "secreta" ou "oculta". Algumas vezes, isso resulta em abusos desse conhecimento, o que inevitavelmente explode, voltando-se contra o ator e estancando o seu progresso de maneiras.

Pode ocorrer o contrário, o ego, completamente dominado por noções erradas da orientação divina, ou seduzido pelo sentimentalismo, pode murchar tanto que não mais atuará normalmente. Perde a sua paixão e o rumo teatral, assemelhando-se ao pierrô apaixonado.

Pois bem, o que deve um ator/pesquisador sério fazer? Como pode um intérprete, no mundo atual, manter o desenvolvimento do seu poder de atuação e, ainda, evoluir espiritualmente? Como é possível tornar o treinamento do ator parte integrante do desenvolvimento espiritual?

Escrevi este livro para responder a essas perguntas – e a muitas outras. Espero que ele possa servir de elo entre os vários caminhos espirituais e a arte da atuação. Acredito que ele poderá, igualmente, servir para esclarecer aspectos desse vasto labirinto, ajudando a guiar aqueles que possam correr riscos de serem os "feridos" na pesquisa.

Minha inclinação pessoal está dirigida para as religiões místicas do Extremo e do Médio Oriente. Isto deve ser levado em consideração pelo leitor. Especificamente, a minha experiência se deu com o sufismo, a cabala, o taoísmo e o budismo. Tive contato com outras linhas, como a do xamanismo indígena americano, o hinduísmo transcendental, o cristianismo esotérico e outros, porém, no caso, o meu envolvimento se deu "para além do círculo".

Deve ficar subentendido que ainda sou um estudante do mundo. Não sou um ser iluminado com acesso ao Santíssimo. Simplesmente supri a minha vida com experiências que me permitiram dirigir um rápido olhar à mandala conectando o trabalho espiritual com a interpretação. Foi por isso que, rapidamente, "compartilhei o palco" com os leitores no decurso deste livro ao incluir muitas citações e referências a outras fontes de comparação.

Um livro, naturalmente, não pode substituir a ação. Somente por meio de um ativo trabalho na disciplina espiritual de sua escolha, ou por meio da manutenção de esforços concentrados na sua atuação, é que alguma coisa resultante disso poderá ser de valia para você. Sabendo-se o que fazer nestes dois mundos – e como fazê-lo – é da maior importância. Ao longo destas páginas eventualmente serão encontradas abordagens que podem ajudar num mundo ou no outro. E, mais ainda, um salvo-conduto entre ambos os mundos, servindo como catalisador para as suas próprias investigações futuras.

Possam os seus esforços beneficiar a todos nós.

1. O Ator

Historicamente, no Ocidente, os atores viveram as suas vidas como humildes párias sociais. Quando, ocasionalmente, conseguiam ganhar algum favor real, usufruíam de privilégios para além de sua posição social, mas isso aconteceu raramente. De fato, por muitos anos, os atores nem ao menos podiam ser enterrados nos cemitérios cristãos comuns. Na verdade, até que as mulheres atingissem a posição de "intérpretes" durante a era da Restauração*, os atores eram considerados não apenas párias pela elite social, como também licenciosos. Ainda recentemente, neste século, os atores eram banidos de certos restaurantes e pensões. Não era raro encontrar letreiros em que se liam: "Não permitimos a entrada de pessoas de teatro!".

A imagem de má reputação dos atores era, eventualmente, justificada. Muitas vezes o palco foi um bastião para desajustados escandalosos e velhacos. Contudo, ao longo da história, os atores têm sido tolerados, patrocinados e muitas vezes celebrados em virtude de sua habilidade. Eles ajudavam a criar diversão a partir do seu trabalho diuturno.

Historicamente, o seu baixíssimo *status* social não inibiu o desenvolvimento da atuação como uma forma de arte. Exatamente em algumas centenas de anos, bandos de atores esfarrapados transformaram-se em companhias estáveis. Na América, eles até consegui-

---

*. Na França, período entre o restabelecimento dos Borbons e a sua queda (reinados de Luiz XVIII e Carlos X, 1814-1830, com exceção do intervalo dos Cem Dias). (N. da T.)

ram fazer da Broadway uma Meca para a maior parte dos atores ocidentais. Em anos recentes, a influência dos atores na sociedade cresceu numa proporção extraordinária.

Num discurso que fez recentemente a um grupo de alunos aspirantes ao teatro, Robert Cohen, autor de muitos textos populares de interpretação e Chefe do Departamento de Teatro da Universidade da Califórnia em Irvine, recolocou a óbvia, e de qualquer forma espantosa realidade: no mundo de hoje, o ator virtualmente está em todos os lugares. Devido, em grande parte, ao crescimento global da televisão e do cinema, agora os atores desfrutam de uma posição de poder e prestígio jamais anteriormente imaginada. São admirados, seguidos, cortejados e até mesmo consultados sobre assuntos antigamente reservados a especialistas.

E por que não? Em alguns casos, devido à sua ávida procura pela verdade, à sua constante pesquisa, atração pública e absoluto entusiasmo pela descoberta, os atores conseguem encontrar resultados em áreas nas quais outros falharam. A contínua exposição à pressão do estar "ligado" faz deles os candidatos privilegiados para as ocupações de alto escalão e alta pressão.

Ronald Reagan, por exemplo, não está sozinho na categoria do "ator que tornou-se político" – no caso, o político certamente sendo um dos postos de mais alto escalão e de maior influência existentes hoje em dia. E muitos outros atores estão envolvidos em projetos que atingem algo além do palco e da tela. Jane Fonda, Gregory Peck, Shirley Temple Black, Clint Eastwood, Marlon Brando, Mary Tyler Moore, Elizabeth Taylor e milhares de outros conhecidos e desconhecidos atores trabalham para os fundos de caridade, para a pesquisa, pela paz, pela educação e por um grande número de outras causas humanitárias que afetam pessoas da maneira mais formativa do que simplesmente fornecerem diversão cultural.

Poderíamos discutir demoradamente o valor desse fenômeno. O que se constata, entretanto, é que atualmente, pelo mundo todo, esse fato transformou-se em moda para os atores. E com isso em mente, podemos perfeitamente perguntar: "O que, exatamente, significa ser ator?"

Uma olhada para o que fazem os atores realça a realidade comum de que, na sociedade, os atores são uma categoria que parece ultrapassar uma infinidade de limites. Eles fazem de tudo: vendem produtos, escrevem filmes, dirigem filmes, produzem peças, fundam companhias, disputam corrida de carros, estabelecem o seu currículo, atribuem prêmios uns aos outros, criam vínculos com outras nações, assumem posições políticas, fazem doações pecuniárias a inúmeras associações de caridade, emprestam o seu charme popular às causas dos miseráveis e, é claro, lavam pratos, esperam nas mesas, escrevem piadas, trabalham como garçons ou qualquer outra coisa que possam encontrar durante a sua árdua trajetória rumo ao *status* de "ator reconhecido". Por vezes, quando são talentosos e têm a sorte necessária – eles verdadeiramente atuam.

Porém, o que é atuar? Quando os atores atuam, o que é que eles fazem? Há muitas maneiras de responder a esta pergunta, mas inclino-me a concordar com Richard Schechner de que, entre outras coisas, eles estão suprindo a sociedade com um ingrediente estético primário e ritualístico que ele denomina de "comportamento restaurado".

Comportamento restaurado significa um comportamento que, simultaneamente, é simbólico e reflexivo. Além disso, é uma representação do Eu comumente percebida como imóvel e fixa, isto é, sendo de fato um papel ou conjunto de papéis[1]. Resumindo, os atores ressaltam o aspecto efêmero da personalidade ao mesmo tempo em que reafirmam a unidade humana essencial.

Com relação à cultura ou estilo de atuação, o ator está sempre envolvido com algum tipo de restauração do comportamento. Um ator atua para contar uma história – alguns por motivos políticos, outros a fim de provocar um relaxamento emocional ou mesmo uma experiência religiosa –, porém, mesmo assim, todos eles adotam métodos de trabalho – uma marca determinada ou estilo –, os quais de algum modo dão credibilidade ao seu papel ao produzir ou ao reproduzir um evento.

De todo modo, permanece a questão: qual é o resultado ideal da habilidade artística ao atuar? O que faz o ator atuar criativamente?

Jerzi Grotóvski, diretor e pesquisador, famoso pelo seu trabalho com o Teatro-Laboratório polonês, defendeu firmemente uma visão do ator integral, um ser capaz de saltos extraordinários, tanto física quanto espiritualmente. Creio que sua pesquisa está consagrada.

Os atores têm muito em comum com os aspirantes a iniciados das tradições espirituais, às vezes chamados de *chelas* ou *sannyasins*, significando os "buscadores". Para começar, ambos são genuínos trabalhadores. – A cidade de Nova Iorque, a propósito, deve muito de sua tenacidade financeira à grande população de aspirantes a atores que vertem a sua energia "de trabalho" teatral em meio a uma infinidade de empresas de serviços que empreendem. – Ambos os mundos estão propensos a enfrentar uma educação altamente disciplinada e um treinamento rigoroso. Igualmente devem ser capazes de enfrentar o criticismo e a contínua rejeição. Devem estar aptos a desenvolver enormes sacrifícios e a generosidade. Bem como empenham-se numa considerável auto-reflexão e concentração. E ambos são continuamente testados quanto à sua dedicação, progresso e sinceridade. Mais do que tudo, desempenham o seu trabalho por amor – não o

---

1. Richard Schechner, *Between Theatre and Anthropology*, Philadelphia, University Pennsylvania Press, 1985, p. 36.

amor sentimental –, mas amor ao trabalho por ele mesmo, o que não significa que não haja motivos ocultos nos dois mundos.

O diferencial crítico, para o ator, é que ele necessita de uma platéia. O pesquisador espiritual pode confiar num mestre, numa comunidade e no seu próprio sentido de progresso. O ator, por outro lado, está ligado ao público.

Essa diferença, entretanto, não deve diminuir a possibilidade de a atuação significar um caminho para a revelação espiritual. Ao contrário, tenho razões para acreditar que, sob certas circunstâncias, ela pode até engrandecer o processo.

De modo diverso ao do iniciado espiritual, cujos sacrifícios resultam em sobrepujar, ao fim e ao cabo, o medo da morte, o ator – e aqui me refiro ao ator moderno – deve sacrificar-se muito para demonstrar minimamente tal esforço. E de todo modo, a morte ainda assoma como o inimigo – inelutável – e o desconhecido. Para completar, ele deve admitir aquilo que os seus magros ensinamentos religiosos, acidentalmente adquiridos, trouxeram e que certamente deverão assombrá-lo quando o fim estiver próximo: "Eu desperdicei a minha vida? Retornei à religião a tempo de salvar a minha alma?"

Na antiguidade, o ator esteve abertamente vinculado aos processos espirituais. No Egito, na Grécia, na Pérsia, na Suméria e, virtualmente, em todas as religiões tribais xamanísticas, o trabalho do ator era sagrado e uma contribuição inquestionável para a elevação da alma. Isto permanece como uma potencialidade até hoje, sendo que apenas o seu vínculo foi obscurecido por uma série de fatores, não sendo, porém, o menor deles as noções errôneas sobre o quê, atualmente, significa o trabalho espiritual.

Não obstante, o meu ponto de vista é que, uma vez esclarecidas as falsas noções, a arte da atuação pode, se conscientemente desejado, encaminhar-se para aquelas circunstâncias que conduzem ao despertamento espiritual do ator. Entretanto, antes que eu comece a desatar alguns nós referentes ao tema, creio que é importante discorrer brevemente sobre a história da atuação e mapear a linha espiritual que perpassa nela. Sob esse aspecto, podemos começar pelos padrões do trabalho espiritual no teatro e, por meio deles, discernir os métodos atuais de trabalho.

E. J. Gold, *The Troubadour*, bico de pena, 28 x 38 cm, Rives BFK, 1987.

E. J. Gold, *Inquiring Mind*, bico de pena, 28 x 38 cm, Rives BFK, 1987.

2. História

No Ocidente, costuma-se datar o nascimento do teatro nas primitivas celebrações gregas (ditirambos), e a fase mais madura, mais estruturada, nos festivais de peças. Isso afigura-se conveniente porque a civilização grega é muito recente para que se possam confrontar dados históricos relevantes. Na verdade, porém, o teatro, ao menos na sua forma tribal, existiu muito antes dos gregos, de fato desde o início dos tempos.

Qual era o formato do teatro antigo, e até que ponto o ator esteve espiritualmente envolvido, permanece um mistério. Por meio do moderno observador nas assim chamadas sociedades "primitivas", podemos começar a reunir informações, fortemente sugestivas, de que o ator original era o mais altamente qualificado dançarino, cantor, portador de máscaras e xamã da tribo[1].

Um xamã é uma espécie de sacerdote que, por meio de um treinamento especial e aptidão, transforma-se na ligação entre os domínios misteriosos, invisíveis e não comuns, com aqueles ordinariamente visíveis. O xamã deve dominar um largo espectro de talentos, inclusive a habilidade altamente importante da condução dos estados auto-induzidos de êxtase ou transes[2].

---

1. Brian Bates, *The Way of the Actor*, Boston, Shambhala Publications Inc., 1987, p. 22.
2. Jeffrey Mishlove, *Roots of Consciousness*, New York, Random House, 1975, p. 5.

A habilidade em viajar para outras dimensões durante os estados de transe confere ao xamã uma sabedoria muito especial. E por causa disto, ele é considerado por sua civilização imediata como possuidor da capacidade de morrer e de retornar à vida muitas vezes durante o curso biológico de sua existência[3]. Neste sentido, ele é também o místico primitivo.

A não ser que você tenha tido contato direto com um xamã, esqueça aquilo que acha que sabe. Muitas pessoas estranhas à sua cultura, particularmente na América do Norte, conseguiram depreciar o xamã como um feiticeiro estilo Hollywood, estigmatizando-o como charlatão. Essa percepção, no entanto, está muito longe de ser verdadeira.

Os xamãs reais são caracterizados por uma personalidade indefinível, uma forte presença pessoal e uma estranha irreverência clownesca em relação à vida comum. São imprevisíveis em todas as coisas, contudo, têm um conhecimento fantástico e exato de sua força. Em alguns casos, os seus poderes são usados exclusivamente para curar. Em outros, são usados para ensinar ou fornecer aconselhamento espiritual.

De várias maneiras, o xamã assemelha-se ao iogue hindu por suas habilidades paranormais, profundos estados de transe/meditação e autoridade religiosa. Não obstante, ele se diferencia do modelo do iogue clássico pelo fato de não se voltar exclusivamente para o seu interior, à procura de esclarecimento. Ao invés disso, sua sabedoria está orientada para o mundo exterior, dirigida para servir à comunidade[4].

O mundo do xamã é um mundo de "louca sabedoria", no qual o consenso sobre a realidade é sacrificado em favor de um não-consenso mais poderoso sobre a realidade. Como resultado, durante a preparação para se tornar um xamã, ocorrem ataques ocasionais que podem ser considerados comportamento esquizofrênico. O xamã não é treinado para se tornar "reativo" durante tais episódios, os quais podem causar redirecionamentos prematuros em relação ao mundo externo. Ao invés disso, ele desenvolve uma atitude imparcial em relação às visões reveladas.

Isto eventualmente proporciona uma reintegração positiva de sua psique. Nesta perspectiva, o xamã é o louco curado[5].

Tanto o xamã quanto o analista não-reducionista admitem e chegam a conhecer uma derradeira realidade mística indistinta, uma loucura arriscada, de forma a afetar a sanidade no serviço à comunidade. Com relação a isso, Levi-Strauss diz:

---

3. Mircea Eliade, *Shamanism*, Princeton, Princeton University Press, 1972, p. 20.
4. Shirley Nicholson, *Shamanism*, Cap. 10 por Larry Peters – "The Tamang Shamanism of Nepal", New York, Theosophical Publishing House, 1987, p. 174.
5. *Idem*, pp. 166-167.

O xamã desempenha um papel dual tanto como o psicanalista [...]. Na verdade, a cura xamânica parece ser a contrapartida exata à cura psicanalítica, porém com uma inversão de todos os elementos [...]. O psicanalista ouve, ao passo que o xamã fala[6].

Seja para a cura ou para outras finalidades, as invocações xamânicas de espíritos e estados de transe foram, e ainda são, freqüentemente alcançadas pelo uso de máscaras e da dança. As máscaras, como representativas dos espíritos, podem transportar o xamã para o plano psíquico necessário para completar a sua tarefa. A dança serve também para induzir ao transe, como fazem os toques dos tambores, os cantos e as plantas psicotrópicas.

Ao contrário do xamã, o ator moderno – especialmente na América – raramente usa máscaras *per se*, ainda que a maquiagem e a criação da *persona* pública possam ser consideradas uma máscara. Os atores, não obstante, usam outros meios para invocar os personagens, da mesma forma como interpretam "contadores de histórias", personificando os nossos mitos contemporâneos e fantasias do cinema, da televisão e do palco[7].

Os xamãs desempenham não apenas funções sagradas, que se referem aos domínios invisíveis da cura, da pilotagem das almas, da interpretação de sonhos etc., como também são responsáveis pela manutenção dos mitos tribais e das lendas mediante o seu desempenho público como narrador. Assim, por um lado, nós temos um viajante interior muito sério e dedicado, e por outro, um louco, um visionário, um narrador esquizóide. Tudo isso não começa a soar parecido, mais e mais, principalmente com o ator que conhecemos e amamos hoje em dia?

Uma representação mais clara dos processos xamanísticos de atuação pode ser vista no teatro japonês. No Japão, os mitos e lendas são mantidos vivos por meio das formas tradicionais de teatro, particularmente do teatro Nô. Neles, o ator é uma espécie de sacerdote, figura purificada, santificada, sujeita a obrigações estritas[8].

Adicionalmente, o seu sistema de crenças considera que os deuses são capazes de habitar objetos sagrados, tais como o corpo e o personagem do ator[9]. No teatro Nô, máscara e ator são, ambos, considerados sagrados.

Quando o ator do Nô se concentra e contempla a sua máscara antes da atuação, ele estará levando a cabo um ritual extático, permitindo que o deus que habita dentro da máscara possa tomar total possessão dele. Isto, em essência, é uma técnica xamânica. Os xamãs freqüentemente

---

6. *Idem*, p. 85.
7. Brian Bates, *op. cit.*, p. 22.
8. Fred Mayer and Thomas Immoos, *Japanese Theatre*, traduzido por Hugh Young, Studio Vista, New York, Rizzoli International Publications, 1977, p. 38.
9. *Idem*, p. 38.

usam máscaras ou objetos para invocar baixas ou elevadas energias para as finalidades de cura, ou para induzir visões proféticas.

Por meio de concentrações repetidas e experiências com as máscaras, o ator do Nô abre-se ao mundo invisível. Também por meio de concentrações repetidas e experiências com objetos, máscaras, o bater de tambores ou cantos, o xamã abre-se para o mundo invisível. Tais repetições são uma fórmula esquemática que transporta a ambos, o ator e o xamã, para outras dimensões. Por exemplo, quando o ator do Nô sobe numa árvore no palco, no sentido de subir ao céu, ele, tal como o xamã, *realmente experiencia a subida rumo às esferas celestiais*[10].

O maior denominador comum parece ser o elemento da repetição. Por meio da repetição de sons, movimentos e qualquer tipo de encantamento, ambos, ator e xamã, penetram no estado de transe, o qual dá acesso a experiências profundas. Acho que é muito interessante observar que o ensaio é uma forma de repetição; de fato, a palavra francesa para isso é *répétition* (repetição).

Existe a probabilidade de que esse sábio/louco personagem, cantor e dançarino, tenha organizado rituais, repetições, que visavam tanto informar a tribo sobre a sua última interiorização, quanto para ajudar, por vezes, a criar um novo induzimento ao transe.

Esse ator/xamã gradualmente evoluiu e refinou-se através dos anos, até transformar-se no celebrado ator dos primitivos rituais ditirâmbicos gregos. No entanto, esse processo refinado dividiu o papel xamanístico sob dois aspectos: o público e o privado.

A Grécia foi famosa pelos seus oráculos, os quais estavam ligados a templos de variados deuses. Muitos dos reis guerreiros mandavam os seus mensageiros ao oráculo do seu deus-patrono na esperança de conseguir adivinhar as probabilidades e os possíveis desdobramentos de campanhas pessoais[11].

Esse "oráculo mágico" foi, sob muitos aspectos, um tipo de teatro que usava técnicas básicas de transe e simulações mágicas para desembocar numa conveniente "leitura". O xamã do templo tinha que invocar os espíritos dos dois exércitos e, daí, improvisar uma batalha fictícia. Ele tinha, então, que chegar às suas conclusões baseado nessa simulação mental.

Os oráculos foram usados por muitos povos, não apenas por reis. Eles forneciam informações para ajudar a orientar a vida de qualquer um que viesse até eles. Obter esses oráculos, entretanto, não era uma tarefa fácil. Era preciso uma coragem especial e força de alma para empreender essa jornada.

Por exemplo, os mensageiros ou "a platéia" tinham que se submeter a uma preparação rigorosa antes de avistar o oráculo em Del-

---

10. *Idem*, p. 38.
11. Jeffrey Mishlove, *op. cit.*, p. 22.

fos. Tinham que jejuar por três dias, caminhar pelas ladeiras com muitas milhas ao longo de um estreito caminho, o tempo todo concentrando-se nas suas perguntas, até chegarem em um banho a vapor anteposto na base da montanha. Depois de um banho purificante, tinham que caminhar à noite carregando uma simples tocha, pelas ladeiras ao longo de degraus de mármore, os quais conduziam eventualmente a um aposento minúsculo, dentro do qual eles deveriam encontrar o sacerdote, que também tinha sido preparado para o evento.

Nesse caso, ao menos em Delfos, o ritual oracular parece assemelhar-se fortemente às práticas xamanísticas secretas, semelhantes àquelas descritas nos livros de Carlos Castañeda. Os eventos públicos, assim como os rituais com máscaras, músicas e danças, foram muito mais teatralizações sociais, que ocorriam em feriados divinos e festivais específicos em honra aos deuses. Ambas as formas sobreviveram com o objetivo de uma função necessária sob várias instâncias de participação ritualística.

Motivadas pelos desejos de pacificar os deuses, as celebrações públicas foram usadas para criar um evento de cura coletiva. Isto foi conseguido pela indução ao estado emocional conhecido como *catarse*.

É muito conhecido o fenômeno no qual um conjunto de energias pode influenciar poderosamente a vontade individual. As arenas de esportes, os funerais domésticos e mesmo as sociedades teatrais, todos possuem a sua quota de consciência grupal. Não é segredo que pessoas podem ser facilmente tragadas pela onda emocional que se apossa da turba. Os gregos antigos capitalizaram esse fenômeno ao provocar reações emocionais específicas, que visavam a criação de uma cura coletiva de toda a platéia. A catarse era conseguida a fim de purgar a dor e restaurar a saúde e a felicidade da sociedade.

Este tipo de "privacidade pública" usufruída pela platéia é desfrutada até hoje, porém em grau muito reduzido. De fato, a diminuição da catarse parece ter começado com o início do advento dos concursos nos festivais de peças. As peças, nesse contexto, não eram mais rituais comunitários – elas se transformaram numa "obra" a ser desfrutada somente sob a ótica do discernimento competitivo[12].

Paralelamente a isso, parece-me que apenas um acontecimento, acima de todos os outros, é intrigante na história do teatro grego. Há um entendimento geral de que o teatro desenvolveu-se fora da música e da dança religiosas que, por séculos, foram sendo desenvolvidas e continuaram por gerações. É também de conhecimento geral que Téspis foi o primeiro a destacar-se no coro e criou o diálogo – transformando-se desse modo no primeiro ator individual, de forma tal que todos os atores são conhecidos como tespianos. Porém, tal evento, ao

---

12. Richard Schchner, *op. cit.*, pp. 134-135.

qual é dada tão pouca atenção em muitos textos de história do teatro, soa para mim como o evento *mais* fundamental na história da atuação.

Temos aqui neste caso a história de um homem, um simples ser humano, que mudou para sempre a estrutura do teatro no mundo ocidental. Entretanto, sabemos muito pouco ou quase nada sobre o que realmente aconteceu. O que é que aconteceu antes dele, que possa ter provocado tal mudança, considerando-se especialmente a relativa e constante progressão dos festivais ditirâmbicos por tantos anos?

Bem, sabendo o que sei agora, e considerando-se a perspectiva deste livro, vou jogar o meu chapéu na arena e oferecer uma possível, ainda que presunçosa, especulação. É minha convicção que Téspis não tenha exatamente decidido, um dia, inventar o diálogo. Nem foi um grupo de seus pares, ou algum outro mestre, que o coagiu para que fizesse um ato revolucionário tão fundamental. É minha convicção que ele *transcendeu* o coro; que por causa de um acidente ou um desvio, ele refinou o seu sistema nervoso a um ponto tal que foi levado a dar um passo adiante do coro – muito semelhante ao xamã em transe ou ao canalizador contemporâneo. E ele fez isto por nenhum outro meio a não ser aqueles que estavam disponíveis na sua arte.

Estou sugerindo que o pai da atuação ocidental foi um canalizador psíquico? Numa palavra, sim. E sugiro, além disso, que as suas capacidades de canalização foram desenvolvidas pelo seu trabalho como ator junto ao coro.

Tenha em mente que a canalização não é, de forma alguma, um acontecimento recente. De fato, o filósofo grego Sócrates atribuiu muito do seu saber às "vozes" que o aconselhavam regularmente[13]. Da mesma forma, a canalização pode assumir várias formas. Quase todos os compositores, poetas, artistas, escritores, inventores e assemelhados confessam sentir-se guiados de um jeito ou de outro. Algumas pessoas, de qualquer modo, personificam um conduto vocal para contatos diretos com o Além – uma espécie de porta-voz.

Estes "canalizadores em transe" são capazes de suspender as suas identidades pessoais a fim de permitir que outros se apossem de sua voz. Eles são mais sujeitos a controvérsia em virtude da desorientação quanto ao efeito teatral de transmitir diretamente sinais do mundo espiritual. Porém, o fato é que todos nós, e muito especialmente os atores, somos receptores de um tipo ou de outro. Há uma infinidade de narrativas de interpretações que atingiram picos extraordinários durante a atuação, até durante desempenhos improvisados, e cujos atores, depois, sentem-se estupefatos e um pouco humilhados, e não obstante sem saber se o desempenho surgiu *por meio* deles ou *a partir* deles.

---

13. Platão, *Five Great Dialogues*, traduzido por B. Jowett, New York, Walter J. Black Publishers, 1942, pp. 31-65.

Na atualidade, todos experimentamos vislumbres de canalização a cada dia. Eles surgem como um "pressentimento", ou ao ouvir uma canção no rádio que parece falar diretamente a você, ou ainda convicções secretas em relação a amuletos da sorte, ou no autotreinamento antes de um evento estressante, sonhos premonitórios que provocam uma súbita urgência de telefonar para um amigo, e por aí vai.

Alguém pode alegar que essas são exatamente as atividades do subconsciente em ação. Bem, esse desafortunado mundo – o subconsciente – não deveria ser relegado a um nível tão baixo por causa deste prefixo: "sub". Esta parte da nossa consciência é um vasto território primal, só agora começando a ser explorado pela ciência. E de qualquer forma, por que deveria um estado de consciência primal ou preconsciencial impedir consideravelmente a recepção sensitiva e a transmissão de poderes?

Geralmente, no dia-a-dia, nós ignoramos a mais sutil das atividades da nossa consciência em favor do mundo "real". Não somente o artista – e certamente não apenas o ator. Um ator começa cedo a observar cada nuance do Eu num esforço para trazê-lo mais e mais para o domínio da direção consciente. O empenho para alcançar tal estado é o mesmo esforço e mecanismo empregado pelos médiuns.

Parece-me evidente que os profetas, os homens santos, sábios, alquimistas, xamãs, inventores, e mesmo alguns cientistas, sabem aquilo que os Vedas sempre disseram: que *todo o conhecimento está estruturado na consciência*. Apossar-se de sua estrutura e acessar a variedade de freqüências dessa faixa da consciência humana é o trabalho de todos os artistas. Os atores também participam dessa aventura, e o fazem desde o início dos tempos.

Infelizmente, na Terra, a maioria dos humanos descobre que a noção de outras dimensões, vozes e consciência superior, encontra-se acima ou abaixo daquilo que lhes diz respeito. Eles se contentam apenas com objetivos meramente materiais.

Isto seria correto se fosse tudo o que fizessem. Muitas vezes, no entanto, tais pessoas têm reações compulsivas contra qualquer um cujas ambições procuram ir mais a fundo do que a mera acumulação de poder terreno. Isso evidencia, tipicamente, um medo que logo se transforma em angústia, defesa e agressão.

Por isso, ao longo da história, almejando alcançar o seu mais alto potencial e para escaparem da loucura que subjaz à perseguição, tais pessoas reuniram-se em grupos, formando escolas e irmandades. A maioria dos mosteiros cristãos e conventos foram fundados por razões similares.

Escolas sob uma ou outra forma floresceram quase em todos os lugares do mundo – no Egito, nas montanhas do Tibete, nas montanhas do Cáucaso, na Geórgia, nas cavernas da Grécia e nos desertos da Pérsia, para nomear uns poucos locais. Qualquer um que tenha visto o filme homônimo de Peter Brook, ou que tenha lido o livro: *Meetings with Remarkable Men* (*Encontro com Homens Notáveis*), de G. I. Gurdjieff, tem igualmente uma boa idéia daquilo que pode ser considerado uma escola.

Nessas escolas, antes como agora, algumas leis foram reveladas e testadas. Essas leis, que usualmente estabeleceram conexões experimentais com a lei matemática, a ordem natural e a possibilidade humana, foram cuidadosamente guardadas. Nas escolas pitagóricas, por exemplo, os noviços tinham que enfrentar um voto de cinco anos de silêncio antes de serem aceitos para as etapas de estudo sério[14].

Durante intervalos específicos, no entanto, as escolas teriam revelado ao mundo exterior uma parte de suas descobertas. A Pitágoras, por exemplo, é creditado um grande número de presentes para a humanidade, que inclui a invenção da escala musical ocidental, as leis que governam algumas estruturas geométricas, assim como teorias sobre os movimentos dos planetas e estrelas e a transmigração das almas[15].

Quando essas descobertas foram tornadas públicas, isso foi feito cuidadosamente. Em muitos casos, elas destruíram velhos conceitos e mudaram radicalmente a existência do homem. Dessa forma, como se fossem pessoas portando luzes brilhantes, as escolas foram cuidadosas no sentido de não acendê-las todas de uma só vez, pelo medo da cegueira ou da confusão das pessoas acostumadas à escuridão.

É provável que o evento de Téspis tenha sido uma revelação desse tipo. Ou talvez foi um súbito e não planejado fenômeno psíquico. Quem sabe foi um feliz acidente que pareceu dar certo, e então eles o aceitaram.

Ou quem sabe, não. Talvez Téspis seja uma lenda, uma história criada para explicar a existência da estrutura dramática. É possível que a existência das escolas secretas nunca tenha tido contato com o teatro e as peças lá encenadas não tinham relação, de forma alguma, com as escolas. Todavia, considerando-se o desempenho quase sacerdotal dos atores da época e os ousados conceitos expostos no drama grego, estou inclinado a acreditar que as escolas secretas foram ao menos parcialmente responsáveis pelo trabalho no palco.

Com a dominação do império romano, o teatro foi forçado a servir às demandas populares do dia, descambando rapidamente para as extravagâncias promocionais que forneciam ação, palpitações e espetáculos elaborados. A Grécia teve também a sua porção daquilo que Peter Brook chama de "teatro grosseiro"[16], mas ele sempre foi contrabalançado pela tradição divina. A prática romana, entretanto,

---

14. Jeffrey Mishlove, *op. cit.*, p. 23.
15. *Idem*, p. 23.
16. Peter Brook, *The Empty Space*, New York, Athenium Books, 1968, p. 65.

destruiu tudo isso. O que aconteceu com as escolas secretas e com o impulso em direção ao teatro sagrado?

As escolas secretas tornaram-se clandestinas, tanto quanto foi a verdadeira arte nas terras ocupadas. Quando o império começou a ruir, e na medida em que a força do novo cristianismo começou a se solidificar, os atores foram, ou absorvidos pelos rituais da Igreja, ou forçados a agrupar-se em pequenas trupes, como os ciganos.

As trupes viajantes tiveram a vantagem do contato com os povos e as idéias de outras terras. Pode-se admitir que elas tiveram ocasião de estabelecer vínculos com outras escolas secretas de Bizâncio ou do Extremo Oriente.

Porém, qualquer conhecimento estranho às sanções, cada vez mais poderosas da Igreja, era considerado heresia e, seguramente, isso constituía uma perigosa preocupação na época. Assim, algumas leis e descobertas tinham que ser escondidas ou "segregadas" para assegurar uma proteção contra a Igreja. É mesmo possível que as luzes das leis cósmicas e o conhecimento do destino espiritual do homem tenham sido mantidos guardados ao serem codificados por espetáculos acrobáticos e pelotiqueiros da época. (Sei com certeza que não poucos espetáculos contemporâneos de tipo similar a esses são resultado das atividades das escolas secretas).

Esses ciganos continuaram a desenvolver o seu conhecimento secreto das ervas, adivinhações e fertilidade enquanto mantinham a sua sobrevivência por meio dos espetáculos mágicos, paradas de menestréis e peças curtas cômicas. Esses personagens são geralmente conhecidos pelos historiadores como jograis.

Os jograis populares italianos mantiveram uma tradição familiar de teatro e continuaram juntos por gerações, excursionando pela Itália e pelo exterior. Entre outras coisas, apresentavam roteiros engenhosos usando uma coleção de personagens recorrentes do seu repertório (não diferentes dos espetáculos americanos de comédia ao vivo). O estilo veio a ser conhecido como *Commedia dell'arte* e possuía no repertório os personagens do Arlequim, Polichinelo, Doutor, Pedrolino, Colombina e assim por diante. O fato que tais personagens terem sido arquétipos tão fortes sugere que alguns comediantes italianos tiveram acesso à *lei das tipicidades humanas* de uma escola secreta.

Essa lei é básica para quase todas as tradições místicas, com leves variações de cultura para cultura. Muito simplesmente, ela está baseada na premissa de que os humanos são todos formados por um conjunto determinado de tipos, sendo que cada tipo possui uma energia de composição específica e função na vida. Algumas das escolas contemporâneas usam o modelo astrológico para isso, outras baseiam-se nos modelos psicológicos pós-junguianos. Encontrei o melhor modelo inicial da lei das tipicidades no livro de Don Richard Riso, *Personality*

Types – Using the Enneagram for Self-Discovery (Tipos de Personalidade – Usando o Eneagrama para o Autodescobrimento).

A contrapartida russa aos intérpretes italianos, conhecida como os *skomorokhi* (menestréis), também se deu sob o domínio da Igreja. Eles foram previamente sacerdotes que presidiram em muitos festivais cíclicos e que usaram os seus poderes mágicos para curar, adivinhar os eventos futuros e manter canções rituais e encantamentos[17]. Sob o domínio cristão, no entanto, os seus trabalhos ficaram limitados a divertimentos teatrais, incluindo-se diálogos cômicos improvisados, teatro de bonecos e os famosos atos dos ursos dançantes[18].

Não tenho dúvidas de que a razão pela qual os atores/sacerdotes, nos países sob o domínio da Igreja, foram enfraquecidos e suprimidos pelos líderes cristãos não foi apenas por causa da sua veneração pelos deuses "pagãos". Suspeito que eles devem ter encenado uma "Sátira da Noite de Sábado" totalmente hilariante e irreverente, debochando das pomposidades do clérigo local. E considerando-se que a reverência era obrigatória e necessária para o estabelecimento da nova ordem, para os menestréis foi a vez de "dar o fora".

O teatro, como quase tudo o mais, sofreu o caos da Idade das Trevas. No século X, no entanto, surgiu uma forma organizada e breve de peças bíblicas. Essas obras litúrgicas eram alegorias interpretadas pelos vários artesãos que pertenciam a uma das muitas guildas. A Igreja, para satisfazer à necessidade que a comunidade possuía do ritual do teatro, deu-lhes permissão e recursos.

Os rituais, que provaram ser uma ferramenta de ensino muito proveitosa para a Igreja, cresceram firmemente em popularidade. Rapidamente transformaram-se em grandes festivais programados para celebrar dias santos, tais como a Páscoa. Progrediram rumo a toda uma escala de peças de cortejo, com múltiplos cenários e um largo número de efeitos teatrais.

Dentro dos confins da Igreja, muitos dos elementos essenciais ao teatro foram colocados a serviço com força total: o ritual das massas, a ambientação acústica de uma catedral, a arquitetura aproveitada para a ação, candelabros bruxoleando em vermelho com uma salpicada de cores a partir das janelas de vidro, colorindo o chão de mármore – sem mencionar os cânticos das freiras e monges, combinados para criar o santo espetáculo que rivalizava com o das mesquitas e templos da Pérsia.

E as escolas secretas? Em boa parte da Europa, as escolas secretas não-cristãs tornaram-se clandestinas, vivendo em meio ao medo dos exércitos católicos. Muitas delas promoveram falsas conversões

---

17. Russel Zguta, *Russian Minstrels*, Pittsburgh, University of Pennsylvania Press, 1978, p. 101.
18. *Idem*, p. 111.

ou retraíram-se para a obscuridade no sul da França. As escolas secretas cristãs, por outro lado, no interior das ordens monásticas, floresceram. E as coisas permaneceram quase do mesmo jeito, por gerações, até a Renascença.

O teatro formal, que tinha se unido simbioticamente à Igreja, declarou a sua independência. Ele moveu-se rapidamente para o drama Tudor, aperfeiçoando-se no tempo, até alcançar o seu momento mais magnífico durante o período elizabethano com o inquestionável gênio de William Shakespeare.

A obra de Shakespeare ainda desponta como o maior exemplo do que seja um teatro elevado, ao mesmo tempo que honesto e verdadeiro. As suas peças conseguiram cruzar quase todas as barreiras de tempo e espaço, alcançando o alvo metafísico de conservar-se na companhia do Absoluto, mesmo que brevemente, antes de descer à terra[19]. De fato, as suas peças são tão numerosas, a linguagem tão plena, os enredos tão diferentes, que muitos acadêmicos conceberam a idéia de que elas não teriam sido, na verdade, escritas por ele. Sustentam que, devido ao humilde *status* conferido a dramaturgos na época, outros poetas realmente escreveram as peças, porém tramaram para atribuir o crédito a um ator chamado William.

A teoria da "conspiração" permanece irresolvida pelo fato de as autoridades britânicas recusarem-se a exumar Shakespeare (um dos motivos que pressupõe a teoria da conspiração, visto como uma evidência a seu favor). Independentemente de quem escreveu as peças, a verdade é que elas existem e os atores têm representado-as por séculos.

As peças estão cheias de elementos místicos, que refletem o livre-pensar da época. *Hamlet, Sonhos de uma Noite de Verão, A Tempestade, O Rei Lear, Macbeth* e muitas outras abordam temas considerados heréticos num passado não tão distante. O fantasma do pai de Hamlet que o visita, por exemplo, ou a galhofa mágica e druídica do mundo da floresta de Oberon e Titânia, as feiticeiras conjuradoras de *Macbeth*, as recorrentes referências ao fatalismo astrológico de *Romeu e Julieta, Cimbelino* etc., todas expõem as novas liberdades desfrutadas pelo teatro da época.

No entanto, ao mesmo tempo, desenvolveu-se uma forte reação contra tal liberdade. A reação tomou a forma de perseguição religiosa contra o movimento neoplatônico, bem como contra todos os demais que pesquisavam as artes místicas sem as sanções estritas da Igreja. Em 1600, o autodeclarado filósofo hermético Giordano Bruno, por exemplo, foi queimado por causa de seus interesses pelo egipcianismo e pela magia, como uma advertência simbólica para os demais[20].

19. Peter Brook, *op. cit.*, p. 62.
20. Frances A. Yates, *The Occult Philosophy in the Elizabethan Age,* Londres, Ark Paperbacks, 1979, p. 70.

Não surpreendentemente, sob tais condições odiosas, muitos dos livre-pensadores da época refugiaram-se na proteção das sociedades secretas. Estas tornaram-se novamente escolas secretas reconhecidas por seus vínculos com as antigas linhagens.

John Dee, o popular cientista, poeta e um dos mais celebrados homens da era elisabetana, foi atacado por causa de seus interesses pelas filosofias "ocultas". Um desses ataques veio de forma dramática quando Christopher Marlowe representou a sua peça *Doutor Fausto*. Esta apresentava um retrato um tanto deprimido de um conspirador que vende a sua alma a Lúcifer, porém que, na hora de sua morte, se arrepende sem sucesso[21]. A peça era uma óbvia tentativa para desgraçar Dee, ao insinuar que ele e outros como ele estivessem malevolamente conjurando os demônios.

Shakespeare, que escreveu sobre feiticeiras, fadas e demônios, deve ter sofrido, da mesma forma, um cuidadoso escrutínio na época. Talvez deveu-se à sua popularidade – ou, ao fato de que, de todo modo os atores eram considerados danados – a razão de ele nunca ter enfrentado o tipo de difamação pública que John Dee teve de suportar. É óbvio que Shakespeare apenas escreveu sobre tais coisas, ele nunca admitiu abertamente ter pesquisado sobre elas, como fez John Deed.

Em todo caso, durante o último período em que escreveu sua obra, Shakespeare criou *A Tempestade*. Nela, Próspero, o principal personagem, é um prestidigitador – porém a sua magia é branca, usada para fins utópicos. Esta peça contribuiu muito para diminuir a perseguição frenética e para estabelecer a cabala branca como legítima. E de várias formas, ela ajudou a vingar John Dee, que caiu de uma posição de proeminência para a obscuridade e a pobreza[22].

Quando a era da Restauração se firmou e o teatro maneirista se consolidou, a dimensão espiritual da interpretação enfraqueceu consideravelmente. Ela conseguiu ressurgir como uma vingança na obra de Ibsen, Strindberg, Yeats, Artaud e muitos outros envolvidos nos movimentos realista, simbolista e surrealista dos fins do século XIX e começo do século XX[23].

Estes movimentos trouxeram progresso à nova leva de dramaturgos e homens de teatro, cuja obra ressoa e alicerça quase todo o drama contemporâneo. Dentre eles temos expoentes como Ionesco, Meierhold, Beckett, Grotóvski e Stanislávski.

Ionesco penetrou em nossas reações coletivas para clarificar e detalhar. Obrigou-nos, igualmente, a ouvir a nossa própria louca gar-

---

21. *Idem*, pp. 89-126.
22. *Idem*, pp. 159-163.
23. Elenor Fuchs, "The Mysterium: A Modern Dramatica Genre", em *Theatre Three*, Journal of Theatre & Drama of the Modern World, Carnegie Mellon Univ., Outono 1986, pp. 73-86.

galhada na medida em que tivemos que encarar, frente a frente, o moderno ciclo de aceleração, proliferação e destruição. Meierhold esforçou-se para desmistificar a interpretação ao criar um novo conjunto de ferramentas de treinamento chamado *biomecânica*. Por meio dela, introduziu a noção do corpo do ator como um instrumento atlético, em última instância acrobático, capaz de responder às situações dramáticas com um comprometimento total, não linear. Beckett deu-nos o poder de seu talento singular para metáfora teatral. A sua *Esperando Godot* provavelmente sobreviverá como uma das maiores obras-primas dramáticas do seu século. Grotowski mudou todas as noções prévias de atuação e começou um verdadeiro laboratório de investigação no qual a alma do ator assumiu precedência sobre qualquer outro elemento.

É a obra de Stanislávski, no entanto, que me parece ser a influência mais profunda no ator ocidental, particularmente em termos de aperfeiçoamento espiritual. Isso pode parecer estranho num primeiro momento, especialmente se se considerar a extensão com que o seu trabalho tem sido associado – a um naturalismo seco e tipicamente não espiritual. Mas quanto mais pesquiso, mais me dou conta de que ele usou, consciente ou inconscientemente, algumas importantes idéias das escolas secretas. Tais idéias foram, e ainda são, ferramentas poderosas usadas no treinamento espiritual. Algumas dessas técnicas serão descritas por mim nos últimos capítulos.

Isso nos conduz, sem o intuito de uma análise exaustiva, ao palco contemporâneo. Os atores de hoje estão trabalhando em todas as *mídias* e em todos os países. A explosão é fantástica. E no Ocidente, particularmente nos Estados Unidos, os atores estão, inclusive, sendo treinados por numerosas variações do método original de Stanislávski. Apenas com uma leve substituição na ênfase e na abordagem, o trabalho espiritual poderia ser incluído neste treinamento de atuação.

O que quero dizer com trabalho *espiritual*? Bom, virtualmente, todas as fontes religiosas sugerem que estamos aqui para nos prepararmos para algum tipo de diplomação. Cada religião tem o seu próprio currículo, por assim dizer, com um desenvolvimento hierárquico, sugerindo graus ou níveis. Muitas das religiões do mundo aderem à noção de reencarnação, ciclos de visitas de retorno até que estejamos isentos da experiência humana. O cristianismo e algumas outras religiões aderem a uma idéia restrita de que, ou você faz tudo nesta vida, ou nunca mais. Com referência ao sistema de crença, todas elas funcionam dentro do mesmo modelo: a caminhada movimenta-se rumo a um objetivo final.

Cada religião tem a sua própria e única medida para avaliar o progresso ao longo do caminho. Na maioria dos casos, isso é avaliado pelos mais velhos ou por um grupo de elite, que está em algum lugar no topo da escala de ascensão. O que os une é que, na medida em que a nova consciência espiritual cria raízes, os iniciados usualmente falam em sentirem-se mais perto de Deus; eles assumem maior responsabilidade pelas suas ações e demonstram notável fortaleza pessoal, ousadia, compaixão, determinação e uma individualidade espantosa.

Na minha opinião, o objetivo de todo trabalho espiritual concentra-se em dois resultados básicos. Um grupo deseja diplomar-se na Terra para o bem, elevando-o para o plano mais alto tal como um Céu, o Nirvana ou lugar semelhante. Lá, eles esperam viver pela eternidade, no "lugar de Deus". O outro grupo espera aprender igualmente a ascender, acham que podem, conscientemente, retornar a este plano da existência e ajudar os outros e, com isso, melhorar a oportunidade de cada um para a libertação. Alguns, desta última categoria, assumem a responsabilidade adicional de despertar o Criador que, devido ao mau uso do livre-arbítrio do homem, teria adormecido em meio à sua própria criação[24].

Que lindos fogos de artifício! E, em regra, não somente no âmbito do teatro, no mundo de hoje, o objetivo do ator usualmente está mais alinhado com as buscas mundiais. "Ser bem sucedido" transforma-se no interesse maior. Sou compelido a perguntar: "Qual é o sentido de 'ser bem sucedido'?"

Tenha em mente que a dimensão espiritual da atuação não se coloca para todo mundo. Coloca-se apenas para aquelas poucas almas que anseiam por um chamado mais profundo, que necessitam dedicar-se a um objetivo mais elevado do que aquele referente à própria pessoa. Estamos condicionados a ver esta espécie de objetivo de vida sagrada como estranha à arte do teatro. Esta percepção, no entanto, está mudando rapidamente.

Parece-me claro que, no decorrer da história, houve uma linha de influência espiritual tecendo a si própria dentro da arte da interpretação. Temos que reconhecer isso e assumir a responsabilidade de alimentar o seu desenvolvimento. E considerando-se a vasta influência dos atores no mundo de hoje, na minha opinião, vivemos num tempo crítico no sentido de retornarmos a uma abordagem sagrada dessa arte. Aqui vão algumas ferramentas, lembretes e idéias que podem guiar o ator que esteja, assim, inclinado em direção a tal propósito.

E como um mestre me disse certa vez: "Ninguém sabe tudo". Não me considero senhor de todas as respostas. Entretanto, estou certo de que este livro pode ajudar a construir um forte e prático embasamento para todo aquele disposto a começar o que deve ser feito.

---

24. Leo Shaya, *The Universal Meaning of the Kabbalah*, traduzido por Nancy Pearson, Baltimore, Maryland, Penguin Books Inc., 1973, pp. 61-73.

3. Stanislávski, O Realista Místico

Na sua autobiografia, *Minha Vida na Arte*, Constantin Stanislávski nos dá um cândido olhar sobre a sua vida familiar em Moscou e sobre os eventos que promoveram o seu interesse pelo teatro. Segundo seus depoimentos, ele foi um jovem rapaz normal, talvez um tanto privilegiado – nem todas as famílias conseguem ter meios para construir um pequeno palco para os seus filhos poderem representar –, mas de todo modo normal. O que mais o emocionou foi ter sido autorizado para ir com seu pai assistir ópera.

Após ter assistido a vários desempenhos que o marcaram profundamente, ele começou a concentrar a sua energia firmemente no seu objetivo recém-descoberto: ser um ator. Seu pai, pensando que isso fosse uma fase passageira, deu-lhe total liberdade para concretizar as suas fantasias, pelo menos enquanto sua idade permitisse. Naquele tempo esperava-se que ele se dedicasse aos negócios da família.

No entanto, Constantin tinha outros planos. Sentiu-se compelido a tentar a sorte na interpretação. Ciente de que isso desgostaria seu pai, e não querendo colocar a família em risco de ridículo público caso falhasse, Constantin mudou o seu nome de Alexiev, o verdadeiro, para Stanislávski, nome de palco. Todavia, seu pai logo tomou conhecimento do fato. Porém já era muito tarde, Constantin tinha sido fisgado.

Felizmente para Stanislávski, que no início não era muito bom ator, a saúde e as circunstâncias de vida afastaram-no da luxúria de atuar mediocremente no teatro o tempo suficiente para conseguir ser um ator razoável e competente. Mais tarde em sua vida, ele foi considerado um ator mestre, admirado por todos aqueles que viram seu desempenho.

Digno de nota é que ele foi além disso. Por alguma razão, ele sentiu-se compelido a descobrir as condições subjacentes que levam à inspiração artística. Durante a sua busca, rapidamente notou que não existia um método seguro de treinamento do ator. Ninguém parecia ter uma idéia clara de como um momento de inspiração acontecia e por que era tão fugaz. Tudo era deixado, mais ou menos, ao acaso. Ele não podia tolerar essa condição desnecessária e devotou sua vida à investigação consistente sobre o quê uma pessoa pode fazer para verdadeiramente ser um grande ator.

Colocou-se pessoalmente a pesquisar a respeito da descoberta das leis que governam a inspiração. Ele estava tentando entender as forças invisíveis que movem a alma de um ator. De todo modo, seja por meio de um acidente ou desígnio, ele trouxe à luz idéias que estão em consonância com as práticas das escolas secretas. E como resultado dos seus esforços, os atores agora possuem métodos seguros de preparar a si próprios para o palco.

Por exemplo: uma das ferramentas básicas e mais difundidas no início do treinamento, em quase todas as disciplinas espirituais, é o ativamento abrangente da auto-observação. De fato, o místico russo Gurdjieff usava quase exclusivamente essa técnica quando trabalhava a fim de dotar as pessoas do poder da auto-recordação:

> O conhecimento de si mesmo é um propósito muito grande, porém vago demais e distante [...]. O auto-estudo é o trabalho ou o caminho que leva ao autoconhecimento. Porém, no intuito de estudar a si próprio, deve-se primeiro aprender a *como estudar*, em que ponto começar, quais métodos usar [...]. O principal método de auto-estudo é a auto-observação. Sem a correta auto-observação aplicada, um homem jamais entenderá a conexão e a correlação entre as várias funções de sua máquina [corpo], jamais entenderá como e por quê, em cada determinada ocasião, tudo 'acontece' a ele[1].

Compare isso com aquilo que Stanislávski estabelece:

> Se você ao menos soubesse o quanto é importante o processo do auto-estudo! Ele deveria continuar incessantemente, sem que o ator nem mesmo se apercebesse disso, e ele deveria colocá-lo à prova a cada passo dado[2].

Quase todas as abordagens da atuação oferecem pelo menos alguma atenção aos poderes de observação e auto-estudo. Isto se deve, muito obviamente, ao ator ter de conhecer as suas próprias manifestações antes de tentar utilizá-las para uso teatral.

---

1. P. D. Ouspensky, *In Search of the Miraculous*, New York, Harcourt Brace and Jovanovich, Inc., 1949, p. 105.
2. Constantin Stanislávski, *An Actor Prepares,* traduzido por Elizabeth Hapgood, New York, Theatre Arts Books, 1936, p. 123.

O pré-requisito para os avançados poderes de observação é a concentração. O poder de concentração altamente desenvolvido pode ser visto em muitas preparações, desde as artes marciais até as preces dos monges trapistas. É claro que certas atividades utilizam aspectos diferentes desse poder. O piloto de corrida de carros deve ter uma aguçada concentração enquanto dirige a velocidades superiores a 300 quilômetros por hora. O escultor, por outro lado, precisa demonstrar uma larga extensão de concentração como uma qualidade exatamente em consonância ao material que esculpe.

Numerosas disciplinas religiosas são notáveis pela sua dedicação incomum ao poder de concentração. O zen-budismo, por exemplo, é famoso pela sua rigorosa concentração, especialmente quando aplicada à meditação. E há uma técnica sufi destinada a expandir ou a contrair o campo de consciência por meio da difusão da visão e não seguindo alguma coisa em particular, mesmo em um movimentado supermercado. Monges hindus e tibetanos irão despender longas horas de concentração numa pintura ou numa chama de vela. Os católicos rezam o rosário e os *quakers* sentam-se em sereno silêncio.

E os atores? Aqui está o que Stanislávski diz sobre *concentração* no que se refere ao trabalho do ator:

> Se você desse a um homem um espelho mágico no qual pudesse ver os seus pensamentos, ele iria constatar que estava caminhando sobre um montão de peças quebradas de seus pensamentos inacabados e abandonados. Exatamente como num barco naufragado. Pedaços de tecido de veludo rasgados, de mastros quebrados e todo tipo de restos do navio e do material do naufrágio.
>
> É como são, conseqüentemente, os pensamentos de um iniciante no estúdio, que não pode nem concentrar a sua atenção e nem mantê-la fixa em qualquer objeto.
>
> E é assim que chegamos ao primeiro passo da arte criativa do palco, um passo que é inalterável e comum para todos – concentração da atenção ou, para colocar isso resumidamente: concentração[3].

E ainda:

> Ao dominar o processo e aprender a concentrar todos os poderes do seu organismo em algum ponto particular dele, você aprende ao mesmo tempo a arte de transformar o seu pensamento numa bola de fogo, por assim dizer. O seu pensamento, reforçado por sua atenção e articulado em palavras, num ritmo definido, irá, contanto que seja falado por você num estado de concentração total, irromper através de todas as situações convencionais do palco com as quais você tenha de lidar, e desse modo, irá encontrar o seu caminho direto ao coração do espectador[4].

Stanislávski introduziu o uso de círculos de concentração para treinar os seus atores. Nesta técnica, o ator expande a sua concentra-

---

3. Constantin Stanislávski, *On the Art of the Stage*, traduzido por David Magarshack, New York, Hill & Wang, 1961, p. 164.
4. *Idem*, p. 169.

ção num círculo cada vez mais amplo, tanto quanto puder ser mantido; quando o círculo começar a ondular, deve retrair-se para um raio menor, pode ser facilmente sustentado pela atenção visual. Atores bem dotados podem manter muitos círculos de uma só vez – monitorando o campo do palco e a atenção da platéia, ao mesmo tempo em que mantêm um acentuado foco de *laser* numa unidade específica de ação.

A presença de palco, essa qualidade magnética de alguns atores, parece ser um subproduto de um círculo de concentração poderosamente expandido. Na minha experiência, ele é resultado da capacidade de se expandir um círculo para incluir a platéia inteira, enquanto se mantêm simultaneamente círculos bem focalizados e detalhados sobre o palco.

Obviamente, atores de cinema devem utilizar os seus círculos de concentração de maneira diferente. Para conseguir isso, a sua sutil realidade é pequena demais, porém mesmo assim potente o suficiente para atrair o espectador; eles devem sustentar um círculo bem apertado, que tenha apenas espaço suficiente para incluir a câmera. E, claro, todos os bons atores manipulam instintivamente o seu foco de atenção com clareza e discernimento.

Uma vez que a concentração tenha sido estabelecida e a auto-observação comece a ocorrer, os atores, tal como os iniciados, devem em seguida começar a entender a divisão das funções no seu instrumento. Percebem que o corpo tem uma função de movimento (dança, mímica, alinhamento postural etc.), uma função pensante (linhas de aprendizado, análise de texto, pesquisa etc.), uma função sensitiva (sensibilidade, expressão emocional, sensualidade, dor etc.) e, finalmente, uma função instintiva (reações reflexas, fome, impressões viscerais etc[5]).

Cada ator tem uma química diferente e nasceu com um instrumento que é composto por determinada configuração das funções acima mencionadas. Isso significa que cada pessoa terá uma reação diferente em relação ao mesmo estímulo: ele (ou ela) irá processá-lo de forma diferente. A maneira como o processam é governado, em parte, pelo *tipo* de pessoa que são. Alguns atores são do tipo tímido fora do palco, mas são valentões quando estão nele, ou vice-versa. Outros são intelectualmente motivados e precisam construir os seus personagens racionalmente, enquanto que outros podem ser orientados emocionalmente e, desde logo, precisam escolher a fim de explorarem a dimensão emocional do personagem.

Quando os atores começam a entender que tipo de pessoa são, e como todos são igualmente condicionados a perceber o mundo, podem, então, começar a reprogramar os seus instrumentos, levando-os a domínios para além de seu tipo.

No trabalho avançado, o ator iniciado pode reprogramar o instrumento para um objetivo específico. Um ator pode, por exemplo,

5. P. D. Ouspensky, *op. cit.*, p. 106.

querer criar um personagem que seja radicalmente diferente do seu tipo pessoal de configuração. O iniciado espiritual pode querer ultrapassar os padrões habituais de sua mente e, simplesmente, abrir o seu coração a Deus. O passo inicial, antes que qualquer destas coisas aconteça, tanto para atores quanto para iniciados, será chegar a um estado imparcial ou neutro do ser.

É a partir desta relativa neutralidade que eles começam a perceber a possibilidade de uma neutralidade mais profunda, mais objetiva, na qual podem lançar-se para muito longe, sem medo de se perderem.

Na Índia, o sistema mais empregado para esse propósito é o balanceamento dos chacras. Os chacras representam os sete centros básicos de energia que correspondem a determinadas glândulas no corpo. Há uma grande quantidade de pesquisas e de material escrito sobre os chacras e, sendo assim, não é necessário entrar em detalhes. Darei, entretanto, a localização dos centros e suas glândulas correspondentes.

O primeiro chacra está localizado na base da espinha e corresponde às adrenalinas; o segundo localiza-se no centro do osso púbico e relaciona-se às glândulas sexuais; o terceiro está situado sobre o umbigo e está relacionado com o baço; o quarto localiza-se exatamente abaixo do esterno, no plexo solar, e relaciona-se ao timo; o quinto fica na garganta, no lugar em que os ossos da clavícula se encontram, e relaciona-se com a tiróide; o sexto está situado um pouco abaixo da testa, entre as sobrancelhas, e corresponde à glândula pituitária; e o sétimo e último chacra localiza-se no centro do alto da cabeça, correspondendo à glândula pineal.

Quando essas várias glândulas estão balanceadas, uma pessoa pode desfrutar de uma serena e bem-aventurada neutralidade. Quando os chacras não estão balanceados (o normal em muitas pessoas), há nelas ansiedade, desordens e anomalias de percepção.

O sistema dos chacras processa a energia vital do ar denominada *prana* e a usa para estimular os vários centros, obtendo uma variedade de resultados – um dos quais é esse estado de indefinível neutralidade. Com relação ao sistema dos chacras, Stanislávski afirma:

> Eu li o que os hindus disseram a este respeito. Eles acreditam na existência de um tipo de energia vital chamada prana, que dá vida ao nosso corpo. De acordo com o seu cálculo, o centro de radiação desse prana é o plexo solar. Conseqüentemente, em adição ao nosso cérebro, o qual geralmente é aceito como o centro nervoso e o centro psíquico do nosso ser, temos uma fonte similar junto ao coração, no plexo solar[6].

Assim sendo, é evidente que o sistema indiano é muito mais exato do que aquilo que Stanislávski descreve (ele menciona apenas o chacra *Manipura*, no plexo solar, que os hindus vêem como o *cen-*

---

6. Constantin Stanislávski, *An Actor Prepares*, p. 187.

tro da vontade – o vórtex espiritual da vontade livre), porém ele deu a base fundamental para o contato com as poderosas energias necessárias a uma atuação eficiente. Além disso, refere-se ao seu uso pessoal da idéia de chacra ao obter um vínculo entre o centro mental e o emocional, o que resulta na habilidade de "comungar comigo mesmo, tanto no palco como audivelmente, ou em silêncio, e numa perfeita possessão[7]". Embora não sendo exatamente um especialista nas disciplinas espirituais, os seus motivos estão claros: a procura de meios que assegurem a excelência na interpretação.

Todavia como é maravilhoso saber que ele veio a formular a sua própria experiência na medida em que emprestou, por vezes, técnicas espirituais dos hindus. E é mais maravilhoso ainda quando nos damos conta de que os atores modernos – especialmente nos anos de 1960, época em que, esforçavam-se por ser uma vanguarda e aderirem a novos padrões –, adotaram elementos de disciplinas espirituais hindus. Stanislávski já tinha desbravado a área muitas décadas antes!

Em complemento à auto-observação, concentração e uso dos chacras, Stanislávski também reconheceu a tensão física como inimigo da expressão artística. Quase todo mundo admite que o excesso de tensão reduz a flexibilidade e a extensão vocal. Porém, o aspecto mais destrutivo do excesso de tensão na atuação, assim como no trabalho espiritual, é o fato de a tensão impedir o acesso ao subconsciente.

É por isso que os mestres de Ioga, os professores de Tai-Chi e os conselheiros espirituais de todos os tipos, encorajam o relaxamento. Relaxar a mente e o corpo proporciona uma circulação mais livre, um estado mais calmo, mais claro da mente, que por sua vez proporciona maior apreciação em relação aos campos de energia sutis do corpo. Soando muito semelhante a um professor de Tai-Chi chinês, Stanislávski diz:

> Madame Sonora chama a atenção para o movimento físico da energia ao longo de uma série de músculos. O mesmo tipo de atenção deveria ser despendido no sentido de desobstruir os pontos de pressão no processo de relaxamento dos nossos músculos – assunto que já consideramos em detalhe. O que é pressão muscular ou espasmo senão a energia em movimento que está bloqueada?
> A partir das suas experiências do ano passado, em relação à emissão de alguns raios ou a comunicações sem palavras, você sabe que a energia opera não somente dentro de nós, mas também fora; ela jorra desde o mais profundo dos nossos seres e é direcionada para um objeto que está fora de nós mesmos.
> É importante que a sua atenção se mova em companhia constante da energia corrente, pois isso ajuda a criar uma linha infinita e ininterrupta, que é tão essencial para a nossa arte[8].

---

7. *Idem*, p. 187.
8. Constantin Stanislávski, *Building A Character*, traduzido por David Hapgood, New York, Theatre Arts Books, 1977, p. 60.

E ainda:

Portanto, seja completamente arrojado e jogue fora toda tensão que você possivelmente conseguir. Não precisa pensar, nem por um momento, que deverá ter menos tensão do que aquela que realmente precisa. Não importa o quanto você reduza a tensão, nunca será o suficiente... A sua própria verdade física e espiritual lhe dirá o que está certo. Você deverá sentir aquilo que for verdadeiro e normalmente o melhor assim que, atingir o estado que podemos chamar de *Eu sou*[9].

O fluxo de energia e a emissão ativa de raios é a utilização consciente do corpo etéreo do homem – nossa alma. Em termos taoístas, isso se refere ao fluxo de "Chi" do corpo pelos meridianos, os quais devem fluir desobstruidamente numa pessoa preparada para um alto treinamento espiritual.

Portanto, isso implica não somente que é preciso ter a coragem, em suas palavras, de "jogar fora a tensão", como também ele postula claramente que você deverá ser recompensado com um estado particular de atenção chamado "Eu sou". Isso me parece muito curioso porque este "Eu sou" é a presença do estado de graça referido, exatamente no mesmo contexto, pelos budistas, hindus, sufis, cabalistas, cristãos – realmente, por todas as religiões.

Um mestre cabalista e meu amigo me disse há não muito tempo que, de acordo com a sua tradição, o problema que ocorre com a humanidade é a inclusão de um objeto. Ele explicou que, textualmente, "Eu sou" é divino. Porém, o homem sentiu-se compelido a acrescentar mais ao elaborar frases como estas: "Eu estou bravo", ou "Eu sou um americano", ou ainda "Eu sou um mecânico". Como podem ver, a divisão e a confusão começam com a inclusão de uma palavra extra.

Parece que o trabalho espiritual e as técnicas de atuação desenvolvidas por Stanislávski fazem uma intersecção e compartilham elementos comuns que operam em objetivos também comuns. Ambos os domínios trabalham no sentido de buscar a força de concentração, a auto-observação, a imparcialidade, o conhecimento dos centros de energia do corpo, o relaxamento, a presença, o discernimento daquilo que é verdadeiro e um estado de dedicação equilibrada com vistas a alguma coisa mais elevada do que a própria pessoa – seja ela Deus, o Absoluto, Jesus, a Arte ou que nome queria-lhe dar.

E acima de tudo, é curioso saber que o estado de graça reconhecido pela maioria das religiões como "Eu sou" é também defendido por Stanislávski, o pai da interpretação moderna, como sendo um dos objetivos últimos dos atores.

Muito daquilo que foi estabelecido na atuação americana deve a sua existência a este russo, que durante muito tempo foi rejeitado por ter sido supostamente a vanguarda do realismo. O Actor's Studio e

---

9. Constantin Stanislávski, *An Actor Prepares*, p. 271.

outras derivações do mesmo, na verdade, refinaram e americanizaram os seus conceitos; porém apenas o mínimo necessário para suprir a demanda crescente da realidade cinematográfica. Entretanto, o que aconteceu com as nossas realidades mais profundas e espirituais?

Está na hora de reavaliarmos a trajetória da atuação contemporânea para revigorar os impulsos espirituais que se encontram por trás de toda uma vida de trabalho de Stanislávski. Ele era realista, sim, e inquietou-se com a verdade dos procedimentos da atuação. A sua pesquisa, no entanto, foi muito mais longe do que o alcance natural do processo de interpretação. Stanislávski foi ator, diretor e pesquisador; porém, foi ainda mais místico e espiritual do que se possa conceber. Vamos assumir a sua pergunta original e a sua obra como se ele estivesse procurando a resposta: O que traz inspiração para um ator?

E. J. Gold, *Mystic Realist*, bico de pena, 28 x 38 cm, Rives BFK, 1986.

E. J. Gold, *And Now for Something Entirely Different*, bico de pena, 28 x 38 cm, Rives BFK, 1987.

4. O Tao da Interpretação

No teatro, há um momento em que alguma coisa muito satisfatória acontece. O ator e a platéia fundem-se de um modo que desafia a descrição. Reconhecemos quando isso ocorre. Cada um sente-o. Sabemos quando se dá o clique; quando o ritmo, a respiração, o contato são tão vivos que transcendem a realidade comum e se transformam em alguma coisa a mais, alguma coisa extraordinária.

Esse momento mágico manifesta-se indiretamente, de uma forma similar àquela quando os cientistas observam partículas atômicas numa câmara fechada. Na verdade, eles não podem vê-las, porém podem observar os seus efeitos na medida em que elas viajam pelas moléculas fechadas. Na câmara do teatro, o efeito algumas vezes é um estouro de risadas, um calor que perpassa o espaço, um suspiro ou mesmo um silêncio pesado. Tais momentos sugerem alguma coisa provada, alguma coisa profundamente experienciada fora da tirania das palavras.

O chinês antigo reconhecia esse mistério como uma qualidade inerente à natureza. Sabiam, igualmente, a importância de viver em harmonia com ela. Essa qualidade inominada veio a ser conhecida como *Tao*, que se traduz como "O Caminho". Na medida em que os chineses viviam e trabalhavam de acordo com ele, perceberam que ocorria uma dinâmica maravilhosa que consistia numa inter-relação infinitamente complexa de energias "masculinas" e "femininas". Descobriram que a grande dança entre a qualidade feminina (Yin) e a qualidade masculina (Yang) é responsável por todos os aspectos da criação manifesta.

Se tomarmos esse princípio fundamental e aplicá-lo à atuação, veremos que no teatro a platéia está no escuro, sentada de maneira passiva, o que é Yin. Os atores ficam no claro, de uma maneira ativa que é o Yang. A parte exterior do teatro é Yin e as poltronas são Yang até que a platéia, composta por uma combinação de energias Yin e Yang, sinta-se apta para receber – tornando as poltronas Yin e o palco Yang. Yin é leve, passivo, frio e feminino. Yang é pesado, ativo, quente e masculino. Os movimentos no palco são uma orquestração das duas qualidades que guiam a atenção da platéia e que, gradualmente, revelam o espetáculo.

Os símbolos chineses Yin e Yang, do Tao, nos oferece a chave para as dinâmicas mais profundas do conceito. No lado Yang existe uma porção de Yin, e no Yin uma porção de Yang. E dessa forma, cada ator deve ter dentro de si uma parte da platéia e a platéia deve ter em si mesma uma parte do ator. Quando tal interação é conseguida, ocorre uma transcendência, uma "arremetida para o alto" que cada um sente, mas sobre a qual não se pode falar porque o mero ato de falar sobre ela interrompe o movimento.

Sempre foi dito e repetido aos atores que "Atuar é reagir" seguindo os seus instintos, bem como o cada vez mais popular: "Interprete o momento". Tudo isso são truísmos que tentam instilar a importância do equilíbrio no trabalho de palco. E como sabem os taoístas, o excesso de uma qualidade pode causar o desequilíbrio e a deterioração. Se um ator for completamente Yang, obsessivamente impulsivo, falando sem a qualidade Yin de ouvir, o desempenho será afetado. Seguindo o mesmo raciocínio, se um ator for muito passivo, incapaz de tomar o palco e falar quando necessário, o desempenho será, é claro, afetado.

Cada um de nós é produto da união das energias masculinas e femininas. Cada um de nós possui uma mescla particular das duas, e cada mescla é diferente. Alguns homens são compostos por grande quantidade de energia Yin e algumas mulheres, por vezes, têm considerável energia Yang. E essa combinação está em constante fluxo, dependendo de uma infinidade de circunstâncias.

Todo bom ator sabe, se não consciente pelo menos inconscientemente, de que maneira redistribuir a sua combinação pessoal de energia para construir um personagem em particular. Um homem desempenhando Hamlet, por exemplo, escolhe de que forma deve demonstrar a transição do personagem, a partir de um estado passivo de Yin para um estado ativo de Yang, durante o desenrolar de todo o espetáculo. Isso pode ocorrer gradualmente, na medida em que Hamlet lentamente começa a ver como está enrascado em virtude de suas excessivas qualidades Yin, estando Ofélia e Gertrudes dentro dele próprio. Ele luta com as fraquezas de sua passividade, que lhe são repulsivas por baterem de frente em relação a Gertrudes e estarem mentalmente ocultas em Ofélia. E mais: quando ele finalmente resolve ativar a sua energia Yang no sentido de agir, isto se mostra muito descontrolado, tardio demais e acaba em tragédia.

E mais especificamente, dentro da estrutura do solilóquio, um ator pode aplicar os mesmos conceitos. Algumas passagens podem ser apropriadamente escolhidas como interiores e suaves, enquanto outras são pesadas e masculinas. As qualidades Yin e Yang do discurso, do movimento e da respiração podem, todas, ser usadas para orquestrar o fluxo das palavras. Esta forma de encarar a interpretação, como você vê, pode tornar-se, de modo crescente, detalhada, ajudando a estruturar cada faceta do desempenho.

O importante a ser lembrado no que se refere a este conceito do Tao não é a diferença entre Yin e Yang, mas a simbiótica dinâmica de sua relação. Um não pode existir sem o outro; precisam um do outro para funcionar. E quando todos os elementos estão em ordem e o equilíbrio das energias acontece de algum modo, nesse caso dá-se a conexão mágica e harmônica com o Tao.

Há uma infinidade de histórias de atores que, depois de um espetacular desempenho em particular, coçam as suas cabeças e se maravilham pela maneira como tudo pareceu desenrolar-se. Concedem-se algum crédito por terem se preparado excelentemente para que isso acontecesse, mas muitos curvam-se ao mistério, sabendo bem lá no fundo que foram meramente uma parte do acontecimento, não o acontecimento em si mesmo. Um eco disso foi expresso pelo mestre taoísta Ni Hua Ching:

> O sábio quase não precisa agir; é o poder do Tao que age por ele, esteja ativo ou inativo. Ele simplesmente se torna como que uma folha levada ao vento pelo Tao, incapaz de dizer se ele arrasta o vento ou se é o vento quem o carrega. Qualquer esforço individual obstrui o fluxo desta potência infinita[1].

Seria muito fácil admitir que o processo do Tao é uma espécie de mera filosofia do "ir com a corrente", porém não é esse o caso. Os preceitos soam simples, mas a autêntica simplicidade não é fácil de ser conseguida. Os taoístas logo descobriram que muito do sofrimento humano devia-se às suas próprias necessidades inconscientes em relação às complexidades intelectuais. Desse modo impele provar a si próprios que a mais esperta das criaturas na Terra adquire o infeliz hábito da interferência inconsciente. Hoje em dia, certamente, com o advento da poluição mundial, a extinção animal e o desenvolvimento nuclear, podemos assistir às conseqüências de tal hábito. O caminho do Tao evita a interferência e, em vez disso, fortalece a apreciação daquilo que pode ser chamado de *material bruto*.

1. James N. Powell, *The Tao of Symbols*, New York, Quill Press, 1982, p. 124.

Os taoístas acreditam que as coisas, na sua pureza original, têm um poder natural e que interferir nessa simplicidade reduz o poder, sujeitando-o a debilidades[2]. "Caminhe de braços dados com os seus instintos" é um comando dado aos atores a fim de lembrá-los do seu próprio material bruto, do seu primitivo poder. Burilar demais, atravancar demais um papel certamente enfraquecerá o efeito.

Alcançar a verdadeira simplicidade é tornar-se consciente dos processos dinâmicos da vida ao participar da harmonia na ordem natural. A pessoa deve saber quando tornar-se ativa e quando tornar-se inativa. Dominar o discernimento desse momento-a-momento requer uma combinação de experiência e confiança – eventualmente chamada *fé*.

O ato derradeiro de fé, no Tao do teatro, seria a improvisação. É necessário muita experiência para ser capaz de atuar efetivamente numa improvisação, e mais ainda na fé. É por isso que as platéias são suscetíveis a ela. Sentem-se muito deliciadas ao se dar conta de que o momento está sendo construído *naquele instante*, apenas para os seus olhos. Mais ainda, os atores são forçados a "interpretar o momento" e, de fato, quando alguém está atuando sem texto, a atuação é definida como "reação". Isso é muito mais excitante, mais ainda que um evento esportivo no qual a meta de chegada não está fixada. E quando experientes intérpretes dão o salto de fé da improvisação, os resultados podem não ser igualados e nem repetidos.

Na verdade, não existe um momento que não esteja acontecendo agora. Entretanto, atores e platéias muitas vezes preferem ocultar-se por trás da aparência dos momentos ensaiados. Parece-lhes mais seguro essa maneira, ainda que de fato exista mais perigo na atuação que caminha sem vida (para não falar da platéia). As coisas que não carregam em si o poder do imediato tendem a que nos desgarremos delas, forçando-nos, conseqüentemente, a desgarrarmos de nós mesmos. Todo ator experiente conhece o terrível sentimento do momento em que a platéia começa a se desgarrar. Subitamente, em tais momentos o trabalho do ator parece inútil e banal.

Isso não significa que uma representação ensaiada não possa ser completamente viva. Pelo contrário, pode se tornar uma improvisação verdadeiramente estruturada, a estrutura sendo a preparação antes da abertura. Todavia, existem aqueles ótimos atores que sabem, verdadeiramente, que cada momento sobre o palco é uma improvisação, independentemente de quantos espetáculos tenham sido representados. E há aqueles atores mais sábios que chegam a compreender que, na vida, cada momento é uma improvisação; não acontecem segundas tomadas.

---

2. Benjamim Hoff, *The Tao of Pooh*, New York, E. P. Dutton Inc., 1982, p. 10.

Assim, o Tao da interpretação deve ser essencialmente simples, isto é, atuar de acordo com as leis naturais do Yin e do Yang, ser espontâneo e verdadeiro a cada momento – ao mesmo tempo em que se deve manter o fluxo de energia apropriado para alcançar o equilíbrio do espetáculo. Quando isto for alcançado, então haverá habilidade artística, transcendência, haverá o Tao da interpretação.

E. J. Gold, *Femme au Chapeau Chic avec Popcorn*, bico de pena, 28 x 38 cm, Rives BFK, 1987.

5. O Que Está Acontecendo Aqui?

Num dia qualquer, tente isto: sente-se num teatro ou numa sala de cinema e, durante o desempenho, impulsione a sua consciência para além do espetáculo e pergunte-se mentalmente: "O que está acontecendo aqui?" Enquanto faz isso, olhe ao seu redor, para os rostos daqueles que estão assistindo, e veja se, na parte mais profunda de si mesmo, você não sente um difuso motivo coletivo em ação.

Trata-se, essencialmente, de um grupo de humanos que, de forma voluntária, assistem a outros seres humanos fazendo-se passar por outros seres humanos (ou criaturas, bailarinos ou o que seja). Confira: há resultados estudados, maneiras expostas e criticadas e emoções em conflito sob um aspecto ou outro. Porém, satisfação à parte, qual é o significado por trás da forma? Por que, de todo modo, ir ao teatro?

Usualmente, as respostas comuns são: "Porque é uma forma de escape"; "Isso supre uma experiência comunitária necessária"; "Isso pode obrigar as pessoas a confrontarem-se com as suas fraquezas ou a sua inércia política". É verdade, trata-se de tudo isto. Talvez, não sempre ao mesmo tempo ou no mesmo nível de sucesso, mas geralmente vemos isso em relação àquilo que esperamos.

No entanto, isso ainda não responde à minha pergunta. Esses benefícios são as conseqüências, os subprodutos de um processo. O que *é* o processo? O que é que acontece no teatro?

Permitam-me providenciar algum alimento para essa reflexão. Para que eu chegue a isso, vou me permitir emprestar, ainda que ligeiramente, algo do mundo da física. Por favor, seja paciente comigo, espero fazer isso com clareza e simplicidade e apenas na medida necessária para iluminar o meu ponto de vista. Para consegui-lo, vou me reportar aos escritos de Itzhak Bentov, engenheiro biomédico e inventor, cujos livros, *Stalking the Wild Pendulum (Observando o Pêndulo Selvagem)* e *The Cosmic/Comic Book (O Livro Cósmico/ Cômico)*, recomendo de forma incisiva.

Os cientistas, agora, deram-se conta de que toda matéria, num plano subatômico, é na verdade um padrão de energia que se move e reage de acordo com conhecidas e, às vezes, desconhecidas leis. Espantosamente, essa energia age não somente como partículas, mas também como ondas (condição que ainda é um mistério). Essas ondas interagem umas com as outras, sendo que dessa interação resultam vários fenômenos.

O som, por exemplo, é uma onda de energia emitida a partir de um sistema ressonante. O nosso coração, como Bentov eloqüentemente assinala, é de fato um sistema ressonante. Sabemos que o cérebro também emana ondas, da mesma forma que o nosso corpo. Realmente, como humanos participamos de um acontecimento eletromagnético e termodinâmico sobre o planeta. E como resultado, nós de fato emitimos e recebemos energia vibratória[1].

Assim sendo, as ondas interagem e, caso sejam muito diferentes, irão assumir uma freqüência menor em conjunto, o que significa que haverá momentos periódicos nos quais umas anularão as outras. Algumas vezes, no entanto, elas podem alcançar uma espécie de compreensão e dá-se um *arrastamento rítmico*. Isto quer dizer que elas abandonam as suas pequenas diferenças em favor de uma nova freqüência. Essa nova freqüência tem o potencial para ser um padrão de ondas coerente – ou seja, em menor quantidade para não alterar a freqüência de ondas no padrão –, em outras palavras, um padrão unificado[2].

Outro aspecto da vibração é o fato de, se uma dada freqüência é ativada – por exemplo, uma nota no piano –, outras freqüências responderão de forma harmoniosa. Tanja o dó médio e as teclas de dó das outras oitavas vibrarão, como fazem algumas outras notas em harmonia matemática com a original[3].

Considere a platéia um sistema massivo de oscilação, uma verdadeira bateria de energia. Quando essa bateria é levada a concentrar a sua energia sobre, digamos, a atriz A, esta estará recebendo uma dose de energia vibratória externa à sua experiência comum. Se a atriz teve ensaio e preparação, pode carregar o seu instrumento com essa energia e, por meios práticos, transformá-la numa impres-

---

1. Itzhak Bentov, *Stalking the Wild Pendulum*, New York, Bantam Books, 1977, pp. 25-56.
2. *Idem*, p. 38.
3. *Idem*, pp. 31-33.

são condensada e refinada. Ela literalmente pode vibrar uma corda em si própria, sendo que a alma da platéia responderá com simpatia a esta vibração.

Se o instrumento da atriz está avariado ou é incapaz de manipular o súbito jato de energia, ela irá, na maioria das vezes, barrar o fluxo para proteger a si mesma ou se tornará descontrolada, permitindo que a energia deturpe, precipitadamente, o seu desempenho. Esta carência de habilidade é sentida pela platéia, naturalmente, e governará a sua prontidão para concentrar a sua atenção. E se você perde a atenção de uma platéia, bem... o espetáculo fracassa. A qualidade de um desempenho, no sentido mais estrito, nesse caso é realmente julgado em termos vibratórios.

A bateria de energia fornecida por uma platéia depende de inúmeros fatores, sem que a expectativa seja o derradeiro deles. Cada platéia chega ao teatro com certas expectativas, e essa é a qualidade inicial de energia que o ator encara. Quando um comediante é famoso e geralmente conceituado como engraçado, tudo que precisa fazer é andar no palco e as expectativas irão brindá-lo de pronto com uma passagem livre. Ele precisa até atingir ou aproveitar-se dessa energia inicial, porém a atmosfera estava preparada para ele. Um comediante menos conhecido encara um campo de energia de baixa expectativa e deve superá-lo a cada minuto – tarefa que pode esmagar até fortes atores.

Usando o modelo vibratório de Bentov, no decorrer de um desempenho, quando as coisas estão tinindo, a variedade de formações de ondas no prédio e no palco interrompem uma eventual obliteração (pouca freqüência), e qualquer um pode usufruir de momentos freqüentes e sustentados de embarque rítmico. Você não deve ter dúvidas sobre já ter visto pássaros voando numa sincronicidade notável; esse é outro exemplo de embarque rítmico. Os atores e a platéia são, nesse sentido, pássaros voando juntos.

A experiência teatral, desse modo, pode se dar como no simples prazer de voar. Acredito, entretanto, que o prazer, e mesmo o vôo, são o subproduto de um processo muito mais sutil e necessário.

O místico e professor russo G. I. Gurdjieff introduziu em seu grupo de estudantes um sistema de estudos que, entre outras coisas, ressalta a posição do homem na hierarquia da energia cósmica. O seu sistema, embora novo para o homem ocidental, está em uso há muitos anos nas escolas secretas russas. Tratava-se de uma versão da tabela de elementos baseada na assim chamada "lei das oitavas"; em outras palavras, ondas, vibrações.

De acordo com esse sistema, tal como interpretado por P. D. Ouspensky, a capacidade e a única expectativa de evolução do homem dependem da coleta e da absorção das substâncias que Gurdjieff chamou de "hidrogênios". Nesse sistema, as substâncias básicas para a manutenção da vida são os hidrogênios $H768$, $H192$ e $H384$; comida, ar e água. O que foi surpreendente para muito dos seus alunos foi a inclusão, também, dos hidrogênios 48, 24 e 12 – que representam as *impressões* como sendo a maior fonte de substâncias de manutenção da vida[4]. Realmente, Gurdjieff explicou que as impressões eram a substância *mais importante*. Isso porque, ao recusá-la a uma pessoa, esta irá perecer mais rapidamente do que se lhe fosse negado o ar.

Se considerarmos cuidadosamente a implicação disto, podemos começar a entender por que as pessoas vão ao teatro, ou aos cinemas, museus etc. Elas literalmente são alimentadas. É claro que a sua habilidade para digerir totalmente a impressão é um caso diferente, e uma frustração constante para os artistas em qualquer lugar.

Pude vivenciar, num certo grau, aquilo que Gurdjieff esteve ensinando. Fui exposto a impressões poderosas, quais sejam: uma bela chuva de meteoros, um concerto ou embevecer-me frente a um Van Gogh; e em seguida senti-me revigorado, mais leve e mais energizado. De fato, esta deve ser a verdadeira lei em ação quando alguém sai, num feriado, para fazer uma "mudança de cenário".

Sob o meu ponto de vista, o que acontece com o teatro, em parte, é isto: um conjunto de campos de energias individuais coletam a si próprias num espaço restrito e, com a ajuda de alguma manipulação cuidadosa do ambiente, cedem seus campos individuais de energia focando a sua atenção no palco. Outros humanos, que tenham sido treinados a manipulá-los, apoderam-se a seguir da carga excedente – transmitindo-a por meio de impressões refinadas, que servem como alimento para a platéia. Idealmente, é um bom alimento que serve para elevar o seu nível vibratório.

Com relação aos atores, em seu trabalho dá-se o mesmo: são recompensados com uma acelerada lavagem vibracional (aplausos), acrescida da expansão da consciência que a sua arte proporciona-lhes. Sem mencionar a satisfação de saber que o seu trabalho pode estar servindo para elevar o nível vibratório de um conjunto de colegas oscilantes, abastecendo o campo de todo mundo.

Esse conceito é um eco longínquo da imagem de um bando de atores esfarrapados que desejavam desfilar as suas personalidades numa barulhenta autopromoção. É claro que esta é uma perspectiva impraticável para atores inexperientes que não tenham atingido um nível de consciência objetiva. Até para um ator experiente isso é apenas uma sugestão para a possível verdadeira função do teatro.

Para chegar ao verdadeiro cerne do problema, é preciso estar disposto a fazer mais perguntas e não a conseguir uma resposta que se pretenda completa. Pode-se dizer que uma platéia vai ao teatro para ser alimentada sob a forma de impressões e para satisfazer-se com respostas.

4. P. D. Ouspensky, *op. cit.*, pp. 181-198.

Ninguém deve jamais ficar satisfeito. Deixe-nos cavar mais fundo. Ser alimentada? Por que? Por qual razão? E se elas receberem esse "alimento", será que também o darão? Qual é a natureza desse alimento? Se for verdade que você é aquilo que come, aplica-se isso, do mesmo modo, às impressões? Eu o desafio a continuar a perguntar: *O que está acontecendo aqui?*

E. J. Gold, *Ah, How Pleasant It Is to Be Wearing a Hat of Stars*, bico de pena, 28 x 38 cm, Rives BFK, 1987.

6. O Sono e o Despertamento

Graças a numerosos estudos científicos sobre os níveis da consciência humana, estamos começando a ser capazes de efetuar comparações adequadas entre os estados "normais" da consciência. Dentro dos dois maiores estados, o sono e a vigília, existem subcategorias. No sono, por exemplo, ocorrem períodos de REM (*Rapid Eye Movement* – Movimento Rápido do Olho), de sono profundo, sem sonhos e uma série de estados de sono ainda sob investigação. O estado de despertamento é considerado como sendo exatamente isto: um estado de alerta.

É claro que existem mais distinções óbvias quando se trata de estados não-usuais de consciência. O trauma, por exemplo, pode produzir choque; o desequilíbrio de açúcar no sangue pode ocasionar vertigem; e o estresse (tensão), dependendo do tipo, pode causar aflições orgânicas tais como distúrbios cardíacos ou extraordinárias proezas de vigor, resistência e acuidade mental.

Quase todo mundo pode narrar algo sobre aquele estado de "piloto automático" no qual, subitamente, você percebe que está em casa mas, na verdade, não se lembra da entrada da garagem, ou então, por um momento, luta para se lembrar do seu próprio número de telefone, ou ainda quando está numa festa e, mesmo que esteja se divertindo, ocorrem momentos em que se vê olhando para o nada. Singularmente extravagantes, tais estados estão, não obstante, incluídos na categoria geral de "alerta", considerados como inofensivos e uma parte natural da consciência humana. Porém, o que dizer sobre o despertamento, esse estado cósmico de consciência descrito pelos homens sábios através dos tempos?

Para começar, considere que a premissa de partida para quase todos os caminhos espirituais é o reconhecimento de que você está totalmente adormecido. Não propriamente devaneando ou divagando, de quando em quando: você está adormecido. Precisamente porque você pode estar andando e pode falar, e até estar suscetível aos demais, isso não quer dizer, necessariamente, que está desperto. O estado comum que a maioria das pessoas considera como sendo de alerta é, para muitos mestres espirituais, o sono. Este se configura como uma existência sonambúlica, em que a pessoa age sob uma espécie de sonho nebuloso, indo de uma distração a outra sem nenhum objetivo ou propósito real.

A fórmula clássica para o despertamento é um *profundo reconhecimento do estado de sono*, seguido por uma *hábil preparação e direcionamento*. E, na verdade, o estado de despertamento não é totalmente estranho ao pesquisador que queira despertar. Lampejos desse estado que possam ter ocorrido na primeira infância, num acidente de carro ou em momentos de profunda reflexão, atraíram a atenção da existência para uma nova possibilidade. Tal estado desafia uma descrição verbal, porém em geral é entendido como um senso de unidade do intempestivo, do ousado e do êxtase, misturado a uma forte compreensão intuitiva dos mistérios cósmicos.

A compreensão dos mistérios cósmicos, usualmente, manifesta-se da forma mais adequada ao indivíduo. Ou seja, um compositor pode, subitamente, compreender as leis da criação a partir de sua música, um poeta a partir de sua poesia, um jardineiro por meio de sua jardinagem etc. Por isso, essa compreensão é importante para as pessoas que seguem os seus talentos naturais, visto que ela está dentro da estrutura de trabalho proporcionada pelo seu conhecimento.

Sob este mesmo aspecto, é necessário um guia para ajudar a discernir entre o despertar falso e o verdadeiro, ou os falsos despertamentos. Tais guias podem regular a evolução do aluno ajudando, a ele ou a ela a chegar ao seu mais elevado potencial. Os seus métodos são variados e cada aluno requer eventuais tratamentos diferenciados. Logo, é útil tentar categorizar os métodos.

Existem, entretanto, alguns formatos básicos recorrentes. Por exemplo, quase todos os mestres começam com o relaxamento. Alguns concentram-se na respiração, outros em fazer exercícios lentamente, outros ainda prescrevem massagens ou exercícios de visualização. Todas essas técnicas são executadas com o objetivo de estabelecer uma base de relaxamento na qual são introduzidos novos caminhos do ser.

Atualmente, qualquer um reconhece a importância do relaxamento na vida. Algumas poucas décadas atrás, houve um ímpeto maior em reduzir o estresse visando maximizar a saúde e a eficiência. A totalidade das instituições médicas adotou essa idéia em 100%. Fomos inundados com mil e uma fórmulas para reduzir o estresse: massagens, banhos de imersão, ioga, meditação, corridas, caminhadas, *sensory-deprivation tanks*[*] – atividades terapêuticas em abundância, para não mencionar o maciço mercado de drogas tanto legais quanto ilegais, que visam aliviar as dores e o estresse.

Os atores, como todo mundo, precisam lidar com o estresse, algumas vezes em quantidade excessiva. Agora, mais do que nunca, admitem a importância de controlar o seu estresse, de tal maneira que ele não impeça o fluxo da energia criadora.

A busca espiritual, no entanto, *induz* ao estresse – não ao estresse associado normalmente à pressão do mundo do trabalho diário; é similar, mas não a mesma coisa. O iniciado deve enfrentar uma jornada de preparação que configura a própria mistura de relaxamento e momentos de alta tensão, os quais produzem *choques construtivos* no ser.

Os choques, outrora um subproduto ativo num meio primitivo, devem agora, por causa dos pára-choques contemporâneos, ser administrados pela via da participação no trabalho espiritual. Alguns choques são proporcionados inicialmente pelo mestre, porém eventualmente são de responsabilidade do aluno. O choque pode vir sob a forma de uma bateria de broncas a partir de um mestre zen: uma súbita e inesperada advertência do mestre, uma crise emocional que reflete profundamente os fluxos reprimidos da personalidade, ou sob outras inumeráveis formas, dependendo também da criatividade e do temperamento do mestre.

Esses choques são usados para elevar a tensão da freqüência vibracional do aluno, particularmente a intervalos marcados para facilitar uma nova compreensão. O conhecimento de quando e o quanto um choque deve ser administrado configura uma ciência muito delicada, sendo que devem ser efetuados somente pelos mais qualificados mestres. Choques construtivos, caso possam servir de alguma valia, usualmente ocorrem por meio da *lei da necessidade*. E o verdadeiro mestre responde apenas a esta lei.

Esta lei segue o preceito de que o cosmos responde prontamente à necessidade real e de que é menos suscetível aos desejos. Um exemplo extremo de vida é a história da mulher cujo filho foi acidentalmente atropelado e colhido por um carro. Num instante, ela levantou

---

[*]. *Sensory-deprivation tanks:* Equipamento usado nos EUA desde 1972 e que consiste em tanques de flutuação, um pouco maiores do que uma cama de solteiro, contendo água com sais, na qual a pessoa entra deitada de costas, sendo empurrada para a superfície e flutuando levemente como um astronauta no espaço. A finalidade é chegar ao *samádi*: estado de contemplação profunda. Os objetivos apregoados são: meditação, visualização, rejuvenescimento, auto-observação, criatividade, viagens no tempo, oração, solidão, relaxamento e repouso. (N. da T.)

o carro e libertou seu filho. Essa proeza, obviamente, é normalmente impossível para ela ou para qualquer outra pessoa[1]. Todavia, a lei da necessidade tornou possível a ela encontrar toda a força e uma energia milagrosa.

Ao introduzir o elemento da necessidade num exercício, o ator/iniciado pode desempenhar fatos espantosos. Grotóvski fez uso deste recurso quando, nas suas primeiras experiências, pediu aos seus atores para pularem por cima de seus colegas, que estavam deitados ombro a ombro sobre a esteira. O número de atores sobre a esteira cresceu gradualmente, forçando o ator a pular mais longe, de modo a evitar cair sobre um dos seus companheiros[2]. O exercício produziu fatos notáveis de habilidade física, incluindo a habilidade de saltar sobre um colega ator que estava de pé. Tais fatos devem-se em sua maioria à lei da necessidade.

A dimensão adicional da necessidade cria, como você pode imaginar, um elemento muito real de tensão, uma variedade de estresse construtivo. Na medida em que uma pessoa, consciente e sucessivamente, joga a tensão em direção a novos territórios da consciência e da destreza, não haverá mais necessidade de intelectualizar a diferença entre sono e despertamento.

Uma platéia pode proporcionar assim uma prancha. A sua expectativa é uma forma de tensão apreciada pela maioria dos atores. A tensão eleva-os e altera o desempenho com uma clara vigilância. Durante os ensaios, um bom diretor procura uma tensão semelhante, assim como os atores. E na realidade, é esta combinação de tensão e obrigações que, de início, fisga as pessoas para o teatro, visto que em última análise isso soa maravilhoso.

As escolas secretas e as irmandades trabalham em grupos pelas mesmas razões, usando a energia do grupo para ativar um campo de energia similar àquele de uma platéia. Ou então, medita-se por longos períodos, alcançando a tensão por meio de etapas obrigatórias de concentração ou reuniões sobre o nada. Ou ainda, seus membros colocam-se face a face com o mestre e devem fornecer uma resposta a uma questão ou *koan*. E existem ainda muitos outros "fatores de tensão" usados nos métodos de treinamento espiritual.

Um importante, porém pouco conhecido fator de tensão, usado em algumas escolas secretas – e que os atores podem também usar efetivamente –, é a *tolerância das manifestações negativas dos demais*. Isto significa, permanecer simplesmente na presença dos outros que sejam uma fonte de irritação para você, ou que proporcionem uma energia negativa estressante que pode funcionar no sentido de

---

1. Peter Brook, *op. cit.*, p. 50.
2. Jerzi Grotóvski, *Towards a Poor Theatre*, Denmark, Odin Teatrets Forlag, 1968, p. 216.

despertá-lo. A palavra-chave dessa técnica é *tolerar*. Você não deve se jogar na negatividade, mas permanecer atento, sentindo o efeito que isso tem no seu organismo.

Abordando esse tema, St. Abba Dorotheus, um dos primeiros Irmãos do Deserto da Ordem Beneditina dos Trapistas, disse o seguinte:

> Com relação a qualquer coisa que você tenha a fazer, mesmo que isso seja muito urgente e requeira uma grande atenção, eu não diria que deve discutir ou estar agitado. Para permanecer seguro, faça o que faça, seja isso grande ou pequeno, é apenas um oitavo do problema, enquanto que manter um estado sereno, mesmo que nessa circunstância alguém possa falhar em seguir a tarefa, esses são os outros sete oitavos [...] Se, no entanto, no sentido de cumprir a sua tarefa você possa inevitavelmente ser arrebatado e prejudicar a si mesmo, ou a outro ao discutir com ele, você não deve perder sete com o objetivo de preservar um oitavo[3].

E isso, verdadeiramente, é análogo ao ensinamento de Jesus, quando pede aos seus seguidores que "ofereçam a outra face". Não obstante, é preciso treinamento e prática para oferecer a outra face. E esta é a outra razão pela qual ocorre a ênfase nos grupos, escolas e ordens monásticas. Idealmente, dentro desses ambientes controlados, uma pessoa pode testar a sua habilidade para oferecer a outra face de uma forma regular, até que se torne autêntica.

Estou me lembrando de uma história sobre Roy Hart, jovem ator promissor que estudava na Royal Academy de Londres, alguns anos atrás. Ele estudou voz com um professor chamado Alfred Wolfsohn, que tinha uma reputação de ser um professor particularmente dotado. Na primeira lição, Roy disse a Alfred que estava frustrado com as aulas de interpretação, visto que estava trabalhando para interpretar Otelo mas não podia conectar-se completamente ao personagem, pois Otelo mata Desdêmona e Roy sabia que não era um assassino.

Alfred ouviu e depois, quando teve início a lição, começou a insultar e a repreender Roy a cada instante. Começaram a discutir a tal ponto que Alfred se pôs a provocá-lo, até que Roy irrompeu numa ira violenta, exclamando: "Eu vou matá-lo!" Nesse momento, Alfred interrompeu o seu ataque, sorriu e disse: "Bom, agora estamos enxergando o assassino. É melhor encontrá-lo na sua arte para que ele não se solte inesperadamente na sua vida".

Roy voltou a estudar extensivamente com Alfred, exercendo mais tarde o seu trabalho sob a forma de uma companhia de teatro – a Roy Hart Theatre.

O ponto crucial é dominar os próprios fluxos nos níveis mais profundos, adotando a habilidade e a técnica que devem ser desenvolvidas. A tolerância verdadeira e duradoura é resultado da trans-

---

3. Daniel Goleman, *Varietis of the Meditative Experience*, New York, E. P. Dutton, 1977, p. 56.

formação ao longo do tempo por meio de uma exposição continuada a elementos irritantes, os quais, aliás, têm o seu número elevado em situações de grupo.

Por anos pensei que esta técnica fosse relativamente nova, usada somente no Ocidente, até que me deparei com a seguinte citação nos *Annals of the Hall of Blissful Development (Anais do Salão do Desenvolvimento Feliz)*, de Huang Yuan-chi, um iniciado chinês que viveu durante a Dinastia Yuan. Ele assevera:

> As pessoas são felizes quando estão calmas, e aflitas quando há comoção. Elas não percebem que, desde que a sua energia já tenha sido agitada pelo clamor da voz dos outros e pelo envolvimento e distúrbios das pessoas e dos negócios, melhor do que usar esse poder aborrecendo-se até à comoção, será melhor usar tal poder para cultivar a estabilidade. Um antigo disse: "Quando as pessoas estão no meio de um distúrbio, esse é um bom momento para aplicar um esforço no sentido de manter a independência". Fique compreensivelmente alerta no presente imediato e, subitamente, um despertamento irá propiciar uma experiência em meio a tudo aquilo que é milhões de vezes melhor do que estar sentado silenciosamente. Sempre que encontrar pessoas causando distúrbio, não importa se isso o afete ou não, use a ocasião para polir e fortalecer a si mesmo, assim como o ouro vai sendo refinado, sempre e sempre mais, até nunca perder a sua cor. Se você obtém poder com isto, será muito melhor do que ficar à margem, praticando em silêncio.

Espero que você possa enxergar o significado deste conceito. Ele não apenas abala o mito da necessidade de se recolher numa caverna qualquer para meditar sozinho em silêncio, como também implica que, manter a calma em meio ao clamor da vida, praticar um Tai-Chi emocional, é um *milhão* de vezes mais benéfico! E qual o melhor local do que o teatro para encontrar tal clamor?!

Toda essa recente insistência no relaxamento é uma coisa boa, se for usada para contrabalançar os tipos errados de estresse, porém será inútil e verdadeiramente contraprodutivo caso diminua a possibilidade de se obter um estresse construtivo.

O mundo do ator é idealmente estruturado com vistas ao processo de despertamento. O problema na atualidade, segundo minha avaliação, é o fato de não haver uma tradição para suprir os modelos de progresso. Em outras palavras, não há recursos seguros, confiáveis para avaliar o progresso espiritual no teatro ocidental.

No teatro oriental, a forma teatral manteve contato com as celebrações religiosas, com danças de chuva xamanísticas, com os ritos de fertilidade e outros rituais. Trata-se de uma parceria mística com as forças do universo e vem de uma tradição que mantém vínculos com o progresso espiritual. Entretanto, mesmo isso também demonstra sinais de decadência.

No mundo de hoje, tanto no Oriente quanto no Ocidente, ocorre uma rápida aceleração do materialismo e uma base espiritual fragmentada. Os japoneses não confiam mais no budismo, no confucionismo ou mesmo no xintoísmo como base primária de inspiração, e o cristianismo está perdendo suas luzes no Ocidente. O mundo está se tornando rapidamente um imenso mercado caótico. E os atores devem, de alguma forma, trabalhar dentro desse mercado.

Para aqueles inclinados à espiritualidade, o mercado de consumo afigura-se como inimigo, uma distração que os arrasta para longe dos seus mais elevados objetivos. Isso vale também para o artista que sabe não apenas o valor que representa transmutar o tumulto, mas igualmente os elementos de sua arte, que são parte essencial do despertamento espiritual.

Na atuação, por exemplo, o treinamento da tolerância em relação aos outros pode começar imediatamente, sem instruções especiais. Ao se trabalhar para a boa realização do espetáculo e ao se tolerar as manifestações negativas dos demais – ou mesmo de uma só pessoa –, o ator estará desenvolvendo o poder interior necessário para executar a mesma coisa em sua vida.

Em quase todos os elencos irá existir aquele elemento típico que desliza para o caminho errado, que parece anular o seu melhor. Todavia, a irritação deve ser aturada por causa do espetáculo. Isso não implica a impunidade total para um comportamento rompante ou perigoso; as pessoas que desenvolvem esse procedimento devem ser descartadas em benefício do projeto como um todo. Porém, durante o processo de trabalho em conjunto com vistas a fazer o espetáculo acontecer, ocorrem inevitáveis fricções baseadas em conflitos de personalidade e reações emocionais triviais. Essas sensibilidades que eclodem são o combustível do progresso. Na verdade, elas são o instrumento para estabelecer uma *presença verdadeira*, um passo necessário em direção ao despertamento.

No entanto, qual é a natureza do estado de despertamento? Por que experimentar tal mudança de consciência? Bom, é isso exatamente: muitas pessoas contentam-se em continuar sob a ilusão de que são donas de suas próprias vidas, vivendo na semi-escuridão e numa angústia existencial perpétua. Entendem o seu sofrimento silencioso como uma *realidade* e não pensam em mais nada. Tentam preencher o vazio por meio de infinitas compulsões e estímulos sensoriais sem nenhum proveito. E é a grande vaidade de muitas pessoas que as mantém na escuridão, convencidas de que já estão despertas.

Quando, no entanto, em decorrência de um choque imprevisto acontece um despertamento acidental e a pessoa entrevê a verdadeira possibilidade humana, ela torna-se para sempre perseguida por esse potencial.

Se alguém consegue retirar-se para longe do burburinho das sensações diárias e das demandas culturais durante o tempo necessário para começar o auto-aperfeiçoamento, os benefícios do despertamento tornam-se progressivamente atraentes.

Há, entretanto, um pequeno deslize no processo. Nem tudo é pêssego com creme. A parte automática de nós mesmos, a máquina, quer pêssegos com creme e deseja manter a sua posição dominante como regra da casa. Existe um conflito interior que precisa ser administrado com inteligência.

Uma forma é usar as compulsões e as necessidades da máquina contra si mesmos até o momento em que ela aprenda a aceitar o estado de despertamento. Com relação a isto, E. J. Gold, um xamã *hightech*, psicólogo transformacional e autor de *The Human Biological Machine as a Transformational Apparatus* (*A Máquina Biológica Humana como Aparelho de Transformação*), diz o seguinte:

> Deveríamos entender que, pelo fato de a máquina não ter estado completamente desperta durante os vislumbres de despertamento, a máquina, contudo, exerceu, realmente, a sua vontade e, por não ter estado totalmente desperta e vestígios do estado de sono terem permanecido mais ou menos ativos em graus maiores ou menores, inevitavelmente experienciamos algum desconforto, que não faz parte do estado de completo despertar.
>
> Esse desconforto inicial, durante o processo de entrada no estado de despertar a partir do estado de sono, é a principal razão de recairmos no estado de sono. Quando no início a máquina caminha para a vida, podemos achar a experiência muito penosa, muito dolorosa, emocional, mental e fisicamente muito exaustiva, e podemos decidir aceitar que a máquina recaia no sono.
>
> Eventualmente, se a máquina permanecer no estado de sono, a gangrena irá começar e a máquina pode morrer. Esta é a principal causa da morte comum. Se a máquina estivesse desperta, ela poderia eventualmente morrer também, porém não do mesmo modo[4].

Veja, então, que há uma enorme advertência que pode não ser inteiramente agradável. Contudo, qualquer pessoa que é chamada para despertar sabe, bem no fundo do seu interior, o valor de suportar o desconforto momentâneo para ter a oportunidade de evoluir e servir a Deus e ao Seu plano para a humanidade.

Em resumo, existe um grande número de coisas no teatro que podem servir, por si mesmas, ao refinamento espiritual, a saber: o desenvolvimento do instrumento do ator a fim de orquestrar os seus quatro corpos (movente, emocional, intelectual e instintivo): participação na introdução de impressões de dignidade; criação da força interior por meio da tolerância às manifestações negativas dos demais; canalização de arquétipos e entidades a partir dos mundos inferiores e superiores; e, em total despertamento, o ator pode conscientemente empreender uma jornada rumo a outros objetivos, dando ao seu trabalho uma extensão e poder equivalentes aos dos mestres pintores, compositores e pensadores de todos os tempos. Para fazer isso, entretanto, deve desenvolver aquilo que tem condições de executar e que existe nesses domínios. Esse é o assunto do próximo capítulo.

4. E. J. Gold, *The Human Biological Machine as a Transformational Apparatus*, Gateways/I.D.H.H.B. Publishers, 1985, pp. 45-46.

7. Os Corpos Superiores

Como declarei anteriormente, ciência e metafísica concordam que a realidade é um fenômeno vibratório. Itzhak Bentov, no seu livro *Stalking the Wild Pendulun (Observando o Pêndulo Selvagem)*, vai declarar que os nossos corpos físicos em essência interagem com padrões de ondas, e irão inevitavelmente, como todos os padrões de onda interativos, conter harmonias mais elevadas (você pode pensar, por exemplo, no notável dó central do piano).

Ele argumenta que existem outros "corpos" compostos por harmonias mais elevadas do que aquelas do nosso corpo físico. É óbvio que esses corpos podem não se assemelhar ao nosso corpo físico, porém existem e vibram em freqüências relativas. Nosso corpo astral é um corpo harmônico, o mental outro, o causal outro e assim por diante.

O autor afirma mais adiante que somos, de certo modo, um dispositivo de rádio que sintoniza quatro ou cinco estações "diferentes" simultaneamente. Não podemos ouvir as estações sutis, não-físicas, devido ao fato de a nossa estação física estar normalmente vociferando. Caso consigamos acalmar a estação ruidosa, poderemos sintonizar as harmonias superiores[1].

Ao sintonizarmos-nos com as freqüências mais altas, alinharemos o nosso instrumento com realidades cada vez mais elevadas. Eventualmente, e em geral somente depois de muita luta e sacrifício,

1. Itzhak Bentov, *op. cit.*, pp. 135-139.

nos é dada a possibilidade de criar, realmente, "corpos" que correspondam a essas outras esferas.

A criação de corpos mais elevados com o objetivo de viajar e nos relacionarmos com outras dimensões é o processo alquímico que existe na maior parte das religiões, embora a maioria delas mantenha tal idéia escondida ou mesmo esquecida. No caso da história de Jesus, por exemplo, trata-se, essencialmente, de como preparar e aperfeiçoar um corpo mais elevado – um corpo capaz de revelar-se até mesmo depois da morte.

A progressão dos corpos sutis é normalmente descrita como astral, causal, intuitivo, mental, espiritual e outros, que não vou incluir aqui. Essa hierarquia de corpos corresponde à hierarquia dos planos. E como poderíamos esperar, há uma diversidade de opiniões a respeito dos nomes e qualidades dos corpos e planos. É neste sentido que um contato com alguma tradição espiritual pode tornar-se útil.

Por exemplo: tanto os antigos quanto os modernos taoístas interessam-se quase que exclusivamente pelo aperfeiçoamento de corpos mais elevados – particularmente pelo corpo cristalino que, às vezes, é chamado de corpo de diamante[2]. Esses corpos, se corretamente aperfeiçoados, resultarão numa vida equilibrada e íntegra na Terra e numa imortalidade consciente. Isto significa que, em vez da morte que varre a alma por meio do ciclo da reencarnação, a integridade de todo o corpo cristalino transfere-se para uma dimensão divina de sua própria elaboração[3].

Para o taoísta, o método inicial e primário de aperfeiçoamento é a absorção e a adequada distribuição de Chi (ou prana, no sistema hindu), que consiste na força elementar vital e invisível. Uma vez que os meridianos do corpo tenham sido desobstruídos e limpos, o Chi pode começar a ser absorvido como preparação para o despertamento de harmonias mais elevadas. Com relação a isto Gurdjieff, como nos informou Ouspensky, diz:

> Se o organismo físico começar a produzir uma quantidade suficiente destas boas substâncias (hidrogênios), e o "corpo astral" dentro dele começar a se transformar, esse corpo astral irá requerer, para a sua manutenção, menor quantidade dessas substâncias do que aquelas de que precisou durante o seu desenvolvimento. O excedente dessas substâncias poderá ser usado, então, para a composição e desenvolvimento do "corpo mental", que se desenvolverá com o auxílio dessas mesmas substâncias que alimentam o 'corpo astral'; porém é evidente que o desenvolvimento do corpo mental irá requerer maior quantidade dessas substâncias do que aquelas usadas para a alimentação e o desenvolvimento do corpo astral. O excedente [...] irá para o desenvolvimento do quarto corpo. No entanto, em todos os casos, o excedente terá que ser grande. Todas as boas substâncias necessárias ao desenvolvimento e à alimentação dos corpos superiores devem ser produzidas dentro do

---

2. Ni Hua-Ching, *The Taoist Inner View of Universe and the Immortal Realm*, The Shrine of the Eternal Breath of Tao Press, 1979, pp. 142-149.
3. *Idem*, p. 144.

organismo físico, sendo que o mesmo está capacitado a produzi-las com a condição de que a máquina humana esteja funcionando correta e economicamente[4].

A sempre popular experiência de viajar para "fora do corpo" relaciona-se à habilidade de a forma astral separar-se do corpo e viajar conscientemente. Evidentemente, fazemos isso todas as noites durante nosso sono. Mas estar consciente do processo e experienciar, de fato, esse plano da realidade numa forma invisível, bem, isso é uma coisa totalmente distinta.

Há uma infinidade de casos citados a respeito desse fenômeno, e a ciência, quando aceita abordar o assunto, é totalmente incapaz de chegar a um resultado. Não obstante, acumulam-se as evidências de que o instrumento humano é realmente capaz de chegar a tal estado.

Brian Bates, um psicólogo que passou sete anos pesquisando a psicologia da interpretação com estudantes da Academia Real de Arte Dramática de Londres, fez experiências que ajudaram a guiar a consciência de um ator para sair do corpo e vagar pelo edifício, informando continuamente o percurso de sua viagem. Embora as observações do ator tenham sido estranhas nos seus detalhes, e mesmo depois de o ator estar convencido de que tinha deixado o seu corpo e viajado pelo edifício, Bates mesmo assim introduziu um certo ceticismo, sugerindo que isso poderia ter sido uma fantasia hipnótica, corroborada pelos poderes de imaginação do ator[5].

Contudo, o que é a imaginação? Fico impressionado e muito triste porque ao nomearmos qualquer função do nosso ser, assumimos que compreendemos isso. A imaginação poderia estar operando sob um certo jogo de leis ainda não descoberto.

A luz não é realmente visível até que a recebamos na retina – a qual, embora limitada, é um maravilhoso sensor. E nós, humanos, estamos sujeitos a apenas um espectro particular de ondas luminosas num vasto mundo de ondas. Se esfregarmos nossos olhos, o que poderemos testemunhar é uma exibição de efeitos caleidoscópicos. E o que isso quer dizer? São apenas os nervos criando imagens? Bem, e como? Por que esses padrões?

E de onde vem a iluminação nos nossos sonhos? Isso não é luz? Talvez seja a memória da luz. Mesmo sendo memória, ela é percebida como luz. E não é para se espantar que uma função do cérebro possa reproduzir a luz, que é uma energia viajando a cerca de 300 mil quilômetros por segundo? De onde se origina esse tipo de energia mental?

Exponho isto pois penso que, estabelecer que "isso é apenas imaginação" significa fugir do assunto. O ator/xamã tem a capacidade de desenvolver um contato com as mais profundas, as mais misterio-

---

4. P. D. Ouspensky, *op. cit.*, p. 180.
5. Brian Bates, *op. cit.*, pp. 175-178.

sas partes da alma humana. Possuindo os atores os poderes de imaginação e concentração que os caracterizam, obviamente isso é um pré-requisito para experiências conscientes fora do corpo.

Essas experiências são uma ocorrência natural, embora inconsciente, em todo mundo. Porém, é a consciência artística dessa capacidade de viajar que traz esperanças para o desenvolvimento espiritual do homem. Os poderes aprendidos na atuação são a preparação ideal.

Contudo, possuir os poderes não implica ter sucesso; o sucesso consiste em *criar aquilo que permanece além do disfarce.* Possuir as ferramentas não significa ter um plano. A pessoa tem que ter ambos. E para trabalhar adequadamente, evitando enganos que poderiam ser muito sérios, é preciso ter um guia.

Uma experiência fora do corpo, por exemplo, mesmo que certamente faz tremer o viajante, não quer dizer, necessariamente, que se tenha criado um corpo astral. A pessoa precisa do treinamento de um especialista nesses assuntos e, acima de tudo, um objetivo, honesto. Ao formular um verdadeiro objetivo procurando-se evitar a mentalidade do habitual pesquisador curioso, o passageiro irá proteger-se de danos. Lembre-se: *o objetivo é tudo.*

E. J. Gold, *Pierrot de la Lune*, bico de pena, 28 x 38 cm, Rives BFK, 1987.

E. J. Gold, *Harlequin of Lesser Birds*, bico de pena, 28 x 38 cm, Rives BFK, 1987.

8. O Objetivo Superior

A maioria dos recentes ensinamentos que, ultimamente, tiveram sua divulgação por meio de curandeiros, canalizadores e algumas escolas, tem uma diretiva básica em comum que ocorre periodicamente: pede-se à pessoa que ame-se. Amando-se, dizem, começarão a curar bloqueios e a desenvolver, com suavidade, um estado mais poderoso e equilibrado do ser.

Conquanto nobre intento, e certamente valioso no mundo de hoje, no qual as pessoas estão sempre se tornando presas da auto-estima, há um perigo, que é exemplificado pela antiga lenda hebraica de Balaão. De acordo com a lenda, Moisés foi, durante certo tempo, um fugitivo no acampamento do rei da Etiópia. Esse rei viu-se na estranha posição de sitiar a sua própria capital, visto ter sido indevidamente orientado pelo feiticeiro Balaão, o qual usou os seus poderes para influenciar os demais sem manter integridade de espírito*. Balaão representa aquela parte da psique que busca o poder sem um vínculo com qualquer coisa mais elevada do que o auto-amor[1].

A pessoa deve, evidentemente, ter um certo grau de auto-estima para interagir com o mundo ativo, bem como ainda sentir-se atraído pelo trabalho espiritual. Porém, o trabalho deve estar arraigado em algo mais elevado do que o Eu, caso contrário a pessoa invadirá o

---

*. Cf. Bíblia, Números, 22, 23, 24. (N. da T.)
1. Z'Evben Shimon Halevi, *Kabbalah and Exodus*, Boulder, Shambhala Press, 1980, p. 43.

limite daquilo que, comumente, é conhecido como magia negra. E como um mestre meu lembrou-me certa vez: os magos negros morrem como cães.

Um objetivo mais elevado implica algo maior, algo além do pequeno Eu. Reitera também a idéia de que a criação é modular – os sistemas estão contidos dentro de um sistema maior[2] –, e que mudando-se as freqüências dos campos de energia, podemos interagir com outros sistemas. O objetivo superior, portanto, está relacionado a contatar-se com, e de algum modo, servir a um campo de energia maior ou mais elevado. A isto, geralmente, chamamos Deus.

Usando o modelo de Bentov, a consciência humana estará sendo estimulada a desenvolver-se de tal modo a permitir que o seu corpo sofisticado possa absorver conhecimento através de um gigantesco banco de informações. Seríamos tal como repórteres cósmicos fazendo a reportagem *da* criação *para a* criação, que *é* o criador. Ou, como Shankara, filósofo hindu, diz:

> Na vasta tela do Eu
> o quadro de mundos múltiplos
> é pintado pelo próprio Eu.
> E aquele Eu supremo
> vendo somente a si mesmo
> desfruta grande deleite.

O modelo de E. J. Gold é semelhante, com a diferença de que leva isto a um patamar além, sugerindo que o Eu supremo não pode ver-se corretamente, visto que foi iludido por sua própria criação, forçado a isto, pois estava num processo de sonolência. Logo, o processo do homem será despertar o criador Infinito, o Absoluto, despertando-se a si mesmo e aliviando, dessa forma, o sofrimento do Absoluto.

Espere um minuto, o que diz você? Fazer o quê? Aliviar o sofrimento do Absoluto? Como pode ser que, na Terra, o Absoluto sofra? Esta é uma pergunta gratificante caso alguma vez eu tenha ouvido uma, e não darei a minha versão da resposta e, por tabela, roubar-lhe essa tarefa. Basta dizer que a maioria das religiões adere a uma noção de que Deus está sofrendo – a crucificação de Jesus é o exemplo mais óbvio –, na qual o homem tem um papel a desempenhar com relação a qualquer semelhante, aliviando tal sofrimento ou sendo por ele redimido.

Essas idéias podem ser, a princípio, penosas, eu sei. E certamente, nem todo mundo está apto, ou foi capaz de ser chamado a participar diretamente de tal serviço. Alguns atores podem sentir-se consolados ao saber que as suas experiências são valiosas e que as

2. Itzhak Bentov, *op. cit.*, p. 184.

suas vidas são uma grande e útil contribuição para o holograma coletivo do conhecimento que é reunido por Deus.

Mas para aqueles que podem enxergar pouca alegria em suas vidas tais como são, e que queiram participar da luta pela evolução – bem, pode haver trabalho à frente.

Um bom caminho para o ator é começar a descobrir o verdadeiro propósito superior, que consiste em aperfeiçoar a compaixão por meio do personagem. Como um titereiro que sente compaixão ao animar e dar vida a algo inanimado, o ator pode dar vida a um personagem que está morto, que nada mais é do que palavras sobre uma página.

Visto que o personagem precisa ser desenvolvido, o ator deve começar a se identificar e, verdadeiramente, simpatizar-se com o personagem inteiro, até mesmo com os aspectos feios ou negativos. Esse ato de abertura em relação ao personagem, amando-o, enxergando as suas debilidades e faltas, jogando incondicionalmente com a verdade do personagem, isso é um ato de profunda compaixão.

Render-se ao personagem, sem *almejar recompensa*, é essencial. Pode-se começar o processo desfazendo-se da necessidade comum pela recompensa e estabelecendo um novo quadro de referências para o trabalho – que não seja dependente do sistema de recompensas.

Ao fazer isso, a pessoa pode superar Balaão, pode reconhecer os dons já existentes e que pagam a dívida do universo, tornando-se apta a ajudar no trabalho de unificação, que também é o de redenção.

Esse trabalho, esse sacrifício ou ajuda – seja que nome você queira dar a isto –, é a chave para se estabelecer o objetivo superior. Lembre-se disso por causa da grande variedade de almas e caminhos: o seu objetivo superior pode não ser adequado a mais ninguém a não ser a você mesmo. E sendo assim, tentar converter outros é, muito freqüentemente, fazer uma transferência da insegurança ("Nossa! Se eu conseguir que muitas pessoas acreditem como eu, então poderei verdadeiramente acreditar!").

Com dedicação e orientação, o ator tem a oportunidade de ressonar juntamente com entidades mais elevadas, acumulando dados e experimentando o tipo de consciência reservado normalmente aos santos e sábios. Isso não significa que todo mundo fará o mesmo. De fato, como conseqüência da sonolência da humanidade, há muito poucas pessoas que irão escolher o caminho do aperfeiçoamento do Eu e, em menor número ainda, pessoas que irão alcançar qualquer coisa de real valor. Todavia, há esperança, encanto e possibilidades para os atores obedecerem a um objetivo superior e, ao fazê-lo, irão santificar a sua arte.

E. J. Gold, *The Stars Are My Thoughts*, bico de pena, 28 x 38 cm, Rives BFK, 1987.

9. A Mentalização

> *Estar completamente consciente em todas as situações e condições da vida é aquilo que Buda quis dizer ao afirmar que deveríamos estar atentos enquanto estivéssemos sentados, de pé, deitados ou caminhando. Mas 'completamente consciente' não significa estar consciente de algum aspecto ou função do nosso corpo, ou nossa mente, e sim estar consciente com e do nosso inteiro ser, o que inclui corpo, mente e algo que vai além deles: ou seja, aquela realidade mais profunda que Buda indicou no termo* Dharma *e que ele percebeu durante o estado de Esclarecimento*[1].

Lama Govinda

Se você estudou interpretação, a descrição seguinte pode parecer-lhe familiar. Você está trabalhando num exercício no intuito de obter consciência numa aula de interpretação. O instrutor diz-lhe para você não generalizar o sentimento do sol no seu corpo, mas que sinta onde os pontos luminosos se encontram, deixando que isso informe o seu instrumento inteiro. Ou como neste exercício: o instrutor pede-lhe para respirar e simplesmente ficar atento à respiração que entra e sai e dizer um poema ou algumas falas, talvez de uma peça, enquanto você faz isto. Talvez pediram para se levantar e ficar à frente da classe e dizer o ABC sem inflexão alguma, tentando achar uma posição neutra. Ou se a sua aula estiver direcionada para uma dinâmica mais ativa, o instrutor poderá pedir para você andar ao redor da sala, comandando diferentes áreas do corpo e observando os sentimentos que estão associados às diferentes posturas. Você pode ficar surpreso ao saber que estes, e outros incontáveis exercícios de interpretação nada mais são do que variações de uma antiga prática de meditação chamada mentalização.

A meditação é freqüentemente associada ao budismo, particularmente ao zen japonês. Porém, há práticas semelhantes também na maioria de outras religiões. A razão aparente para tais exercícios, tanto na religião quanto no teatro, é focalizar a atenção. Os resultados

---

1. Lama Anagarika Govinda, *Creative Meditation and Multi-dimensional Consciousness,* New York, Questbook, Theosophical Publishing House, 1976, p. 125.

variam de acordo com o propósito básico da prática. Geralmente, porém, o objetivo é acalmar a tagarelice habitual da mente e, gradualmente, desenvolver a perspicácia[2].

O ponto de partida, na maioria das práticas baseadas no budismo, é a mentalização da respiração. O iniciado procura uma postura que permita que a espinha fique ereta e que o equilíbrio esteja "fechado", evitando-se qualquer movimento súbito ou queda. A mente, então, repousa na barriga, ao redor do umbigo, e simplesmente acompanha ou, em alguns casos, computa a respiração.

Experimentei isso ao sentar em *zazen* todas as manhãs durante um ano, e embora isso pareça simples, não é. A mente, no início, quer se dispersar e resiste à simples intenção de nos sentarmos e nos concentrar. Depois de um tempo, porém, com moderada persistência, a mente cederá à calma, e uma paz satisfatória se expandirá por todo o seu ser.

Tipo semelhante de paz é atingido em meditações com movimentos, como o Tai-Chi Chuan chinês. Tão logo a sucessão de movimentos for aprendida, a respiração e a energia sutis fluem como parte de uma suave meditação serena. O benefício adicional de se praticar Tai-Chi é que ele gera uma força vital saudável e mantém o corpo numa forma ajustada, embora flexível.

Apesar de serem certamente úteis para muitas pessoas por proporcionar uma pausa na rotina da vida moderna, as práticas de mentalização, nas suas formas orientais, são freqüentemente pouco úteis para o ator. O Tai-Chi ajudará no relaxamento do ator e na concentração, e isso é claramente proveitoso. Mas pode tornar alguns artistas muito suaves, delicados demais no enfoque do seu trabalho. Justamente por isso, a meditação na posição sentada, semi-sentada ou em lótus pleno pode debilitar e, em alguns casos, provocar sérios danos aos joelhos. E embora ocorra efeitos positivos desse tipo de concentração, ele é muitas vezes impróprio para aqueles cuja energia física precise estar teatralmente viável.

Assim sendo, por que o ator deveria praticar a mentalização? Deixe-me começar contando uma história. Enquanto morava, alguns anos atrás, em Nova Iorque, assisti a algumas aulas de interpretação do ator americano Michael Moriarty. A sua técnica inicial chegava muito perto da meditação zen, muito embora eu não tenha reconhecido isso na ocasião. Chamava-se Técnica de Interpretação dos Atores.

Nessa técnica, um ator deveria entrar na classe, sentar-se numa cadeira e ler um texto, silenciosamente, permitindo que a sua respiração fosse suavemente o seu guia para revelar o subconsciente. Um dia, li um monólogo que era uma peça satírica sobre um personagem

---

2. Thomas Merton, *The Asian Journal*, New York, New Directions Journal Publishing, 1973, pp. 300-302.

cujas práticas espirituais eram tão numerosas e demoradas que ele nunca saía de casa. Depois dos comentários, Michael falou rapidamente sobre a sua própria experiência em procurar Deus.

Disse que, durante dois anos, foi ao Centro Zen de Nova Iorque e se sentava, um tanto miseravelmente, na posição de lótus e meditava. De repente, então, ocorreu de um dia estar sentado com sua angústia à procura da verdade. Ele pensou: "Sou um ator, e um ator deve encontrar a verdade em quaisquer posições".

Esse pensamento libertou e devolveu-o ao teatro com renovado vigor. E quando ele contou isso à classe, também me libertou. Ainda medito e faço Tai-Chi, mas a prática da mentalização, na minha vida, estende-se para além das formas orientais. Como, de fato, deve ser.

O Sr. Moriarty queria dizer, essencialmente, que não é tão importante *o quê*, mas sim o *como*. Posso, por exemplo, escrever estas palavras ou quaisquer outras e isso tudo ser automático, ou uma meditação dependendo de como eu acessar isso.

A partir dessas técnicas orientais, o ator deve aprender a assimilar o que elas têm a oferecer, mas para que essa aprendizagem possa ser integrada à atuação, os seus princípios precisam abandonar os travesseiros de *zafu* e passar ao teatro.

Felizmente, há muitas técnicas completamente ocidentais que podem ajudar, no caso. A Técnica Alexander, por exemplo, extensamente usada no treinamento de atores na Inglaterra, no Canadá e nos Estados Unidos, está muito próxima de ser aquilo que eu chamaria de zen ocidental.

F. Matthias Alexander foi um pioneiro no conceito da união entre corpo e mente. Desenvolveu as suas teorias na última década do século XIX e, então, ensinou até a sua morte em 1955. Escreveram-se inúmeros volumes para iluminar a amplitude do seu trabalho e influência. Portanto, obviamente não posso apresentar uma análise completa desse sistema aqui.

Porém, mencionarei alguns elementos-chave de sua técnica, similar às usadas no treinamento zen. Primeiramente, temos o seu conceito de conexão cabeça/pescoço. Ele considerava a direção e a posição da cabeça, em relação ao pescoço, como sendo de importância fundamental para o ótimo funcionamento do organismo[3].

Enquanto o zen não acha, necessariamente, essa conexão como sendo de valor supremo, as orientações de Alexander para posicionar a mente do aluno nesse ponto, enquanto monitora as mudanças interiores/exteriores, estão muito próximas a uma meditação budista de outro formato, conhecida como *Vipassana*.

---

3. Edward Marsel, *The Resurrection of the Body - The Essential Writings of F.M. Alexander*, Boston, Shambala Press, 1969, pp. 11-26.

Na *Vipassana*, o meditante concentra a sua atenção na respiração ou numa parte qualquer do corpo, mantendo um leve mas contínuo enfoque nessa área. A técnica de Alexander sustenta que essa parte do corpo deveria ser, simplesmente, o lugar onde a cabeça conectar-se-ia ao pescoço.

Há outras semelhanças. No zen, há a idéia de dominar o equilíbrio e a consciência por meio de quatro posturas básicas: sentado, de pé, deitado e caminhando. O início do trabalho de Alexander começa exatamente com estas mesmas posturas. E o zen, depois, ensina que aquela concentração essencial e leve deveria ser aplicada a todas as atividades do dia, independentemente se mundanas ou não. Sobre isso, diz o próprio Alexander:

> A essência da perspectiva religiosa é que a religião não deveria permanecer confinada num só compartimento, mas deveria estar sempre presente como princípios-guias subjacentes ao "viver diário", às "tarefas comuns". Da mesma forma, é possível aplicar-se este princípio de vida ao círculo diário das atividades da pessoa, sem que se envolva nisso uma perda de atenção dessas atividades[4].

Estar atento à relação do corpo com a gravidade e usar a reflexão para redirecionar os padrões habituais de movimento é uma atividade que requer estar presente naquele instante. O monitoramento e a reaprendizagem ao longo do dia criam uma fresca consciência mental, juntamente com uma facilidade física graciosa. Isto é puro zen.

Não se está querendo dizer que o processo acontece inteiramente sem esforço. Somos criaturas de memória frágil e o esforço para *lembrar* de equilibrar a cabeça e redirecionar as ações de sentar, caminhar e assim por diante, exige uma quantidade maior de esforço do que se poderia normalmente imaginar. Porém, a experiência de compostura interna que acompanha o alinhamento, instaura um apetite por aquela compostura, e eventualmente fará com que nos lembremos mais facilmente.

Outro paralelo entre a prática zen e a técnica Alexander é o conceito de inibição. Alexander usou o conceito não no sentido de contrariar ou suprimir o desejo, mas sim com vistas a ignorar os modos habituais do pensar e do fazer[5]. Ele descobriu que, logo que o pensamento faz acontecer algo – como decidir levantar-se de uma posição sentada –, o sistema nervoso já acionou um conjunto especial de nervos em preparação. Esse conjunto de nervos invariavelmente consistia no padrão habitual que foi exercitado de acordo com a compulsão e o condicionamento, e que Alexander denominou de "sensação errada daquilo que é certo".

Portanto, numa lição, o professor Alexander poderia pedir a uma aluna para dizer a si mesma que não se levantaria – e então se levan-

---

4. *Idem*, p. 8.
5. *Idem*, pp. 58-59.

tar. Dessa maneira, ela inibiria o impulso original para estar de pé, permitindo que um novo padrão pudesse ser aprendido.

Paul Reps, ao término de seu livro *Zen Flesh/Zen Bones*, inclui uma lista de práticas e meditações. Uma delas dirige-se nitidamente para a inibição. Diz: "Assim que você tiver um impulso para fazer algo, pare".

Finalmente, um dos elementos-chave do zen é o não-vínculo, especialmente com resultado. Ligar-se ao resultado é, na verdade, a mesma coisa que a técnica de Alexander coloca como *fim lucrativo*. Ele empregou tal conceito para descrever as pessoas que usam a sua vontade para insistir no processo que visa um fim almejado, com pequena ou nenhuma preocupação em relação aos meios. O ganhador de fins simplesmente insiste nesse processo "achando que está certo". O problema, no caso, é que em qualquer atividade que o ganhador de fins esteja executando, ele fará um uso inadequado do seu instrumento. Nesse sentido, a melhoria e a excelência são quase impossíveis. Sentir que está certo, então, é um impedimento para aprender[6].

Como disse anteriormente, Alexander era um pioneiro nesse campo. Desde sua época, houve um número sempre crescente de professores e pesquisadores que avançaram nesse conhecimento a um grau notável. Entretanto, as técnicas fundamentais de Alexander são ainda hoje amplamente usadas, especialmente no teatro.

Há uma prática excelente que eu deveria mencionar: trata-se do trabalho de Moshe Feldenkrais. As suas Técnicas de Consciência através do Movimento e Integração Fundamentais, estão se tornando rapidamente a próxima mania nessa área. O seu trabalho já foi endossado entusiasticamente por Peter Brook, e numerosas escolas de teatro da Europa utilizam-se dos praticantes de Feldenkrais para treinar os seus atores.

Não tenho muita experiência com o método Feldenkrais, mas diria que, a julgar pelo que experienciei durante o seminário de uma semana, alguns anos atrás, com Moshe Feldenkrais em Nova Iorque, o trabalho desse homem pode muito bem ser a maior contribuição no campo da relação corpo-mente nessa época.

No que diz respeito ao seu possível aproveitamento para a mentalização ou para a dimensão espiritual da interpretação, posso transmitir apenas uma declaração que imagino ser muito conhecida. Num certo ponto, durante o seminário referido, Moshe disse: "Mesmo que você absorva todos os sistemas psicológicos do mundo, você não realizará nada enquanto não mudar a sua relação com o tempo".

O ator trabalha no tempo intermediário. Momentos condensados, ritmo cômico, pausas, silêncios, compassamento, tempo – estes são, justamente, alguns dos elementos de tempo que um ator deve

6. *Idem*, p. 116.

dominar. E dominar esses elementos implica, igualmente, estar livre deles. A mentalização é um método primário de encontrar essa liberdade. Na verdadeira mentalização, o tempo é elástico, solto e brincalhão – permitindo uma frescor, uma fluidez que as platéias desejam desesperadamente experimentar.

Tradicionalmente, há quatro passos na prática da *mentalização correta* (chamada *Satipatthana* pelos budistas). Um passo muito poderoso é superar o medo da morte, derrubando o vínculo sensual do corpo. Para fazer isso, o iniciado precisa ver o seu próprio corpo como um cadáver, em algum momento de sua decomposição. Deve visualizar isso fortemente e enfrentar de forma consciente a realidade de sua morte eventual e a decomposição do corpo. Este é o passo da *reflexão sobre os estados do corpo*. Há também a reflexão sobre os estados dos sentimentos, os estados da mente e os estados das coisas[7].

Menciono tudo isso porque acontece, muitas vezes, na vida de um ator: ele é obrigado a "morrer". Meryl Streep aparentemente foi fundo nesse mistério para uma cena do filme *Ironweed*, o elenco e o diretor ficaram muito preocupados que ela estivesse realmente morta[8]! Sarah Bernhardt dormiu num caixão, sem dúvida para eliminar o medo da morte e dar vida a um enfoque mais exato de sua representação. E um grande número de peças de Shakespeare apresenta pessoas caindo mortas a torto e a direito. Sem incluir a maioria daquilo que é exibido na televisão e cinema modernos.

Que perfeita oportunidade para confrontar o medo da morte e se aprofundar nisso, exatamente como faria um monge budista! Tais oportunidades dadas aos atores, no caso de algumas ordens religiosas constituem-se em profundas meditações. E ao ator foi dada a oportunidade de não apenas usar isso para elevar a sua arte, como também para alicerçar a sua trajetória no caminho espiritual. Em parte, isso é obtido pelos temores e vaidades abandonados ao se manter uma firme vigilância sobre os estados de sua personalidade por meio da mentalização correta.

Em resumo: o ator que queira encontrar uma maneira de começar a trabalhar deveria levar em consideração os usos da mentalização. Ela pode ser aplicada em quase todas as áreas de treinamento do ator: alinhamento postural, soltura/controle da respiração, ritmo, caracterização física, cenas de morte e a simples consciência à mão, enquanto estiver executando virtualmente qualquer exercício. A beleza verdadeira disso é a geração de uma espontaneidade honesta, centrada – algo que todo ator pode fazer bom uso. Assim, na mentalização para o ator, os meios são o resultado!

---

7. Thomas Merton, *op. cit.*, p. 401.
8. Brad Darrach, "Meryl Streep - On Top and Tough Enough to Stay There", in *Life Magazine*, December 1987, vol. 10, # 13, pp. 72-82.

10. Os Portais

Não é preciso ser um pesquisador para logo descobrir que a variedade de "maneiras" ou "caminhos" contam-se aos milhares. Cada maneira protege o seu próprio sistema e, muito embora haja seitas e ordens que reconhecem e apóiam outras abordagens religiosas, a maioria define-se em oposição às demais.

Exemplificando, no cristianismo há muitos ramos de fé dentro da original Igreja Católica Romana. Por exemplo: há uma grande variedade de ordens de monges e freiras. A Igreja Episcopal é quase idêntica no ritual, mas não adere à autoridade papal. A reforma protestante produziu uma infinidade de igrejas, cada qual com seu caráter próprio e abordagens específicas.

Semelhante ramificação aconteceu com todos os movimentos religiosos do mundo. É como uma equação matemática em elaboração: esta equação assemelha-se aproximadamente à estrutura que governa o crescimento das árvores, famílias e até mesmo das idéias. Parece que a religião, assim como a natureza, segue a rota da especialização e do refinamento crescentes.

É evidente, igualmente, que quase todas as religiões primárias centram-se ao redor de uma figura nuclear ou herói, que chega com, ou atinge, uma estatura divina – por exemplo: Jesus, Buda, Maomé, Zeus, Moisés, Shiva e assim por diante. Algumas religiões são inflexíveis quanto ao seu entendimento de serem *a única* ou a *correta*. E realmente as respectivas divindades insistem na fidelidade às suas religiões. Advertem contra o envolvimento com idólatras, pagãos, bárbaros, canibais, bruxas ou diabos que habitam as outras casas de adoração.

Quando era mais jovem, adquiri uma grande rejeição pela mentalidade de "clube privado" existente na maioria das religiões. Depois, na medida em que progredi no meu "caminho sem caminhos", reconheci nessa postura discriminatória uma parte necessária de todas as ordens religiosas. Quando uma congregação ou grupo são formados, em essência, tornam-se uma entidade celular. Precisam criar membranas protetoras para assegurar a integridade de sua estrutura. Esse processo envolve a rejeição de outras estruturas celulares.

Apesar de parecer injusto ou desnecessário, o simples fato é: Por que? Porque o caminho é direto e estreito!

Joseph Campbell, em entrevista televisiva com Bill Moyers, fez uma moderna e adorável analogia para descrever esta mesma idéia antiga. Comparou as religiões a pacotes de *software* para computadores. Cada computador pessoal está unido ao terminal principal – ou Deus. Porém, cada pacote de *software* tem o seu próprio código, e somente após aprender o código você poderá ter acesso, eventualmente, ao terminal principal.

Visitar um *software* é interessante, mas não pode levá-lo muito longe, caso não esteja formatado.

A opção por um método ou religião em oposição a outros é, na verdade, motivada pelo conhecimento ao qual os pesquisadores estejam interessados, e caso não sejam estimulados para permanecer nesse processo, vão abandoná-lo e visitar outro *software* reluzente do mercado.

Como é natural, este conceito essencial está perdido ou ignorado, e não é difícil encontrar pessoas que, fervorosamente, não apenas acreditam que os outros sistemas devem ser evitados, mas também odiados ou destruídos. Isso dá lugar a cisões horríveis que incitam à matança, à perseguição, à paranóia e à guerra.

O fato de pessoas razoáveis tornarem-se odiosas está, normalmente, relacionado à luta pelo poder. Por qualquer razão estranha, nós humanos sentirmos que o domínio sobre os outros humanos irá, de algum modo, assegurar a imortalidade. Nesse sentido, a fome pelo poder (manifestando-se com cobiça, concupiscência, crueldade e assassinato) está vinculada ao temor da morte.

O poder verdadeiro, aquele que não está relacionado ao medo da morte, é um poder descrito pela maioria das religiões como a verdadeira paz interior – uma compensação pelo lugar de cada um no universo. Pessoas que não possuem qualquer paz interior, que ignoram o seu possível lugar e que suspeitam não existir tal coisa, sentem uma profunda fraqueza ou possuem uma ânsia interior que precisa, constantemente, ser sustentada e alimentada.

Conheci artistas desse gênero. Eles precisam de um constante reforço do seu próprio valor. Encontram-se sempre desesperados em busca de aceitação e na tentativa equivocada de satisfazer o seu desespero; freqüentemente sacrificam a intimidade de que realmente precisam em troca dos aplausos. Conheci também outros que, por uma infinidade de razões, sabem confiantemente qual é o seu valor. Sem recorrer à publicidade espalhafatosa, puderam aceitar o amor da platéia, assim como o dos amigos e íntimos.

Esses artistas com verdadeiro poder interior possuem aquilo que, na maioria das vezes, é denominado *presença*. Há neles um esplendor notável. Não por acaso, esses artistas famosos são descritos como "luminares" ou "estrelas". Em termos esotéricos, desenvolveram o seu poder interior a um nível em que podem ativar aquilo que é conhecido como *esplendor*.

De modo similar, há diferentes níveis de esplendor, assim como diferentes níveis de luz. O esplendor de um "brilho" saudável, por exemplo, é um nível baixo, embora com uma luz reconhecível. O "arrebol" do intercurso sexual é uma luz de nível ligeiramente mais alto, porém ainda baixo quando comparado à luz luminosa do clímax sexual. Alguns atores irradiam esplendor quando sobem ao palco, enquanto outros podem arder e, ainda outros – embora somente uns poucos – parecem fazer explodir o esplendor: é impossível deixar de assisti-los.

Dizem que muitos gurus indianos emitem uma luz radiante. Acredita-se que seja benfazejo simplesmente estar na presença de tal energia luminosa. Ram Dass, professor e autor de *Grist for the Mill (Moenda para o Moinho)* e de *Be Here Now (Esteja Aqui Agora)*, conta como o seu guru manteve um fluxo de luz do qual emanava um calor fixo e um amoroso esplendor, desfrutados por qualquer pessoa do seu círculo imediato de influência. Essa vibração de um ser avançado pode funcionar para elevar as possibilidades espirituais de toda uma comunidade – é por isso que, na Índia, os iogues não devem fazer nada a não ser sentarem-se em feliz e profunda meditação, sendo considerados valiosos para as suas comunidades. São sustentados por suas contribuições entusiásticas.

O esplendor, especialmente nas faces, é considerado por muitas crenças como sendo sinal de realização espiritual. Os taoístas, por exemplo, são caracteristicamente metódicos nas suas avaliações. Para eles, se a luz facial é pura e branca, significa que o seu portador atingiu a energia mental e fortaleceu os seus pulmões. Se tiver nas faces um negro radiante, os rins da pessoa são fortes e ela beneficia-se da dureza de sua essência. Se o esplendor for amarelo forte, a pessoa tem puro Chi ou força vital[1].

---

1. Ni Hua-Ching, *op. cit.*, p. 68.

Na Bíblia, há muitos exemplos de esplendor. Moisés, ao descer com as duas Tábuas da Lei, mostrou um esplendor facial porque "esteve falando com o Senhor" (*Êxodo* 34:29). E há muitos relatos de halos e auras que puderam ser percebidos por pessoas comuns.

Tomado pelos seus termos individuais, quando uma pessoa alcança certo nível de esclarecimento, ela pode elevar-se do estado mundano do corpo para o nível dos mundos superiores. Quanto maior for a duração e a exposição aos mundos superiores, mais profundo e durável permanece o esplendor[2].

Tive alguma experiência com o esplendor e testemunhei exemplos de luminescência extraordinários em alguns seres. Embora eu tenha percebido a radiação e conhecido a sua existência em círculos espirituais, imagine a minha surpresa quando li o livro *To The Actor (Para o Ator)* de Michael Chekhov e descobri que ele não só reconhecia a sua existência, como também explicava o fenômeno ao comentar a técnica da atuação.

No seu livro ele ensina que o aluno deve imaginar raios que se desprendem de várias partes do corpo. Pede para que encha o espaço com a sua radiação e imagine que o ar ao seu redor está cheio de luz. Em seguida, para meu assombro, dá instruções que poderiam ser uma conferência aos monges do Tibete, no Himalaia. Diz ele:

> Você não deve se perturbar com dúvidas sobre se está de fato radiante ou se apenas está imaginando. Se você supor, sincera e convincentemente, que está emitindo raios, a sua imaginação irá, gradual e fielmente, conduzi-lo ao verdadeiro processo de irradiação.
> Uma sensação da verdadeira existência e a significação do seu ser interior serão o resultado deste exercício. O uso de apenas expressões exteriores é a evidência muito clara de como alguns atores esquecem ou ignoram que os personagens que retratam têm almas vivas e que essas almas podem tornar-se manifestas e convincentes por meio da radiação poderosa[3].

A maneira como tais aspectos ocultos da realidade podem se tornar manifestos é um dos segredos mais fundamentais da ciência mística e a base de quase todas as religiões. Considera-se que a habilidade do homem para imaginar algo com sincera fé é a chave para sua realização. E criar o esplendor por meio da imaginação implica, adicionalmente, que os mundos superiores estão se tornando passíveis de acesso pelo poder da visualização. E também que os mundos superiores estão respondendo àquele poder e energias manifestados nessa esfera de acordo com os pensamentos do homem.

Agora, ufa! Respire aliviado! Isso significa que participamos da criação e que o nosso mundo, na verdade, é produto das nossas mais fortes convicções (Nesta perspectiva, a canção *Imagine*, de John Len-

---

2. Z'ev ben Shimon Halevi, *op. cit.*, p. 199.
3. Michael Chekhov, *To the Actor*, New York, Harper & Row, 1953, p. 12.

non, constitui-se num ensinamento, não somente na mensagem: "Nossa! Isso seria maravilhoso!"). Se podemos ter acesso aos mundos superiores por meio de dedicação e sacrifício, como fizeram os grandes santos e os sábios do mundo, o que é que poderíamos acessar sem grande dedicação e sem sacrifício?

Esta "pegadinha" torna-se desnecessária. É claro que temos acesso aos mundos inferiores. A maioria de nós está condicionada a pensar nos que estão abaixo como grotescos, ameaçadores e diabólicos. E isso pode estar certo. Todavia, as evidências apontam para o fato de que nós, humanos, somos compostos por energias inferiores e superiores. Algumas religiões reduzem o ser ao negarem as energias inferiores e esforçarem-se para transformá-las em superiores. Outras reconhecem as inferiores como uma força necessária que precisa ser dominada antes de se atingir as superiores. Outros ainda ignoram totalmente o assunto e dizem que é a dualidade da mente que, novamente, está pregando peças, ao inventar conceitos tais como: "superior" ou "inferior". No entanto, parece evidente que a composição de energias filtrada no interior do instrumento humano correlaciona-se com uma variedade de planos.

Milagres são o resultado da interação entre os planos. Uma pessoa saturada pela radiação de dimensões cósmicas possui certos poderes paranormais. Na tradição hindu, alguns destes poderes manifestam-se como efeitos bizarros de resistência. Há outros poderes, comumente chamados de *Siddhis,* que são subprodutos do treinamento avançado em Ioga Transcendental. Alguns dos poderes *Siddhi* são: clarividência, levitação – o poder de controlar a atração do corpo pela terra ao desenvolver a tendência oposta (centrípeta), retirando o corpo da pessoa e retornando-o à vontade –, audição supranormal e telepatia mental[4].

Os taoístas reivindicam poderes semelhantes, como a imersão nas leis sutis do universo, os vôos corporais, a telecinesia e o controle das forças do tempo meteorológico.

Há reivindicações, em outras religiões, de grandes poderes curativos, o caminhar sobre brasas, o viver até a idade de duzentos anos, o falar com seres angelicais e ressuscitar os mortos – para nomear apenas algumas. Esses poderes podem existir e podem, novamente, ser os balões de ensaio que conduzem, na realidade, o iniciado atraído pelo poder de aperfeiçoamento do Eu, que eventualmente dissolve essa atração.

No que se refere à atuação, há alguns poderes tangíveis definidos – talvez não tão dinâmicos quanto aqueles reivindicados pelas religiões orientais, porém certamente mais verificáveis.

O poder mais amplamente usado pelos atores é o da transformação. Estar em condições de *tornar-se* outro, render-se conscientemente a um

---

4. Ajat Mookerjee and Jadhu Khanna, *The Tantric Way*, Londres, Little, Brown and Co., 1977, p. 23.

jogo diferente de ritmos, valores e atitudes, isso está além da capacidade normal da maioria das pessoas. Há também o poder do magnetismo animal, pelo do qual o artista pode atrair e estimular a platéia. Marilyn Monroe é um caso de destaque nesse item. A habilidade para capturar e manter a atenção dos demais é outro poder, como é a habilidade para visualizar imagens tão claramente a ponto de até a platéia percebê-las de fato. Vi, por exemplo, Marcel Marceau retratar, uma vez, um homem velho num sótão, dançando com o vestido de sua esposa falecida. Tanto eu quanto os demais com os quais falei depois, percebemos o ator dançando com um vestido de *cetim vermelho*.

A habilidade para emitir raios também é um poder. Ela pode estimular a atração em vários níveis e, certamente, poderá trazer uma eficiente presença no palco. Os atores mais maduros, porém, sabem regular o seu esplendor em consonância com os demais atores no palco. Este é o sacrifício que alguns fazem em prol do ideal mais elevado do elenco do espetáculo. Serve igualmente para manter a harmonia dentro do elenco, que é todo equilibrado em favor da totalidade do espetáculo, que deve exceder em brilho a qualquer desempenho isolado.

Dessa forma, poder não é tudo. A verdadeira sabedoria vem com a prudência em quando não usar o poder. E, de fato, a frase: "Não a minha, mas a tua vontade deverá prevalecer"[*], aplica-se, verdadeiramente, aos poderes paranormais.

Moisés, como foi dito, punha um véu sobre o seu rosto. Ele filtrava o seu esplendor interior com a máscara do ego. Não apenas para impedir a entrada de níveis mais inferiores, mas também para impedir que a sua luz interior cegasse os demais. Este era um ato compassivo, pois quando na presença do grande ser as discrepâncias da própria natureza do homem são exaltadas pelos contrastes, o que pode ser uma experiência muito dolorosa. Portanto, um mestre freqüentemente instrui por detrás de um véu[5].

Este tema me conduz ao assunto dos mestres. Há um velho provérbio que diz: "Quando o aluno estiver pronto, o mestre aparecerá". Penso que isso seja verdade. Foi certamente o que aconteceu na minha vida. Também existe o velho provérbio que diz: "Busca e acharás" – que da mesma maneira também é verdade.

O problema, para a maioria das pessoas, é pular do carrossel. Na dinâmica da vida orgânica parece haver uma estranha conspiração contra se achar a verdade. Uma vez que tal obstáculo seja superado, ou até mesmo como parte do processo em superá-lo, um mestre lá estará.

É evidente que nenhum mestre é o mestre certo para todo mundo. E às vezes existem numerosos quase-mestres, os quais devem ser ig-

---

[*]. Referência às palavras de Jesus, em Getsêmane: "Pai, se queres, passa de mim este cálice, todavia, não se faça a minha vontade, mas a tua" (Lucas, 22:42). (N. da T.)

5. Z'ev ben Shimon Halevi, *op. cit.*, p. 200.

norados; eles funcionam como testes de sinceridade. E às vezes, especialmente no início, é dada à pessoa a chance de escolher um mestre. Há muitos fatores a serem considerados na escolha do mestre. Antes e principalmente, ele deveria ser alguém que possa pegá-lo nos seus truques, que possa desafiar as suas máscaras (algo que pode nem sempre ser agradável). O mestre deve seguir uma tradição; deve falar à sua alma e não à sua carteira; e, idealmente, ele deveria estar acessível e viver próximo o bastante a você caso sejam necessárias visitas diárias.

É óbvio que existem todos os níveis de mestres executando uma variedade de funções. Alguns mestres trabalham para evocar a adoração que está dormente na maioria dos alunos. A adoração ao mestre é, na verdade, uma *sadhana*, ou prática, até que o aluno esteja aberto e maduro o bastante para fazer a constatação de que o professor é o reflexo de algo maior. Nesse ponto, o aluno estará livre da sua influência e progredirá muito rapidamente.

Outros mestres podem ser duros e exigentes, sobretudo combativos. Este tipo de mestre fornece a vontade necessária para conduzir o aluno novato até que ele (ou ela) desenvolva a sua vontade própria. Tal abordagem é estóica e atrai alunos que precisam de um sentimento de intenso desafio.

Existem igualmente mestres do tipo trapaceiro, que estão lá para cutucar, confundir e encantar o aluno. Neste modelo, o aluno adquire, ocasionalmente, vislumbres do esplendor do mestre, porém este modifica rapidamente as mudanças para que o aluno possa construir ligações definidas. Eventualmente, o aluno pode abandonar a avidez racional e estar aberto às experiências que sejam percebidas diretamente pela alma.

Qualquer que seja o estilo – e cada mestre será incrivelmente ímpar –, eles deveriam conhecer bem o terreno do caminho espiritual, o bastante para guiar o aluno seguramente para as suas próprias descobertas. Há alguns mestres que estão ensinando pelas razões erradas. Podem estar satisfazendo uma necessidade de domínio sobre os outros, estar escondendo-se dos seus próprios fracassos ou, o que é pior, podem ter se auto-hipnotizado ao acreditar que são iluminados.

Na minha prática, os verdadeiros mestres não têm medo de sua origem orgânica. Quer dizer, não lutam para se portar como uma imagem santa perante o aluno. São inteiramente eles mesmos. Haverão de mostrar compaixão e humor quando isso servir ao ensino. Também testarão a sinceridade do aluno. Nunca se permitirão ser a vítima das suas imagens projetadas pelo aluno. Nem abusarão do seu poder ou exibirão medidas punitivas de dominação. Em última instância, eles desafiam qualquer uma ou todas as definições sobre si mesmos.

Eventualmente, cada pesquisador torna-se o seu próprio mestre. Porém, raramente há um caminho espiritual que não acentue a importância de uma direção formal, especialmente no começo. Ao se encontrar um mestre, a sensação pessoal de alguém com discernimento deveria ser o fator determinante. Lembre-se de que muitos dos mestres escondem o seu esplendor sob o véu, pois assim você não poderá guiar-se apenas pela sua presença.

Mas então por que, de qualquer jeito, os atores deveriam encontrar um mestre? Não sugeri que os elementos espirituais encontram-se na arte da interpretação? Nesse caso, quem precisa de um mestre?

Sim, os elementos estão na arte. Mas para aprender a orquestrar tais elementos com um exato conhecimento você precisará da ajuda de um mestre. Não há nenhum "caminho genérico" para a compreensão. A necessidade de um mestre ocorre em diferentes momentos, para todo mundo. Alguns têm necessidade dele mais cedo, outros só muito depois. Mas todos os sinais apontam para a necessidade de um verdadeiro mestre do caminhar. Se você encontrar um mestre que tenha um pouco de experiência em atuação, bem, isso será maravilhoso.

Infelizmente, os excêntricos, no momento, são contra procurar um mestre com experiência de fundo teatral. Eles estão por fora e são minoria. Dessa forma, os atores que precisam de instrução espiritual avançada formam-se numa tradição muito distante de sua necessidade de orientação. Felizmente, a maioria dos mestres trabalhará dentro da estrutura artística pessoal de cada aluno.

Até que um mestre apareça, há ajuda sob outras formas no caminho. Uma destas chamo de "divinatórias". Elas são simplesmente um ou mais dos muitos métodos usados para "adivinhar" ou fazer "leituras" para os pesquisadores. Os métodos amplamente conhecidos são: Astrologia, Quiromancia e o Tarô. Há centenas mais, alguns deles tão fantásticos que chegam ao absurdo. Por exemplo: a Frenologia é uma prática na qual um especialista sente os inchaços e as formas do crânio para determinar as aptidões individuais. Também há a Piromancia (predição do futuro por meio do fogo); a Geomancia (predição por meio da terra); Hidromancia (previsão por meio da água); Aeromancia (predição por meio do ar); Esternomancia (previsão por meio de consulta à região do corpo ocupada pelo osso esterno); Estoicomancia (adivinhação ao se abrir um livro fortuitamente e entendendo o primeiro parágrafo da página como uma resposta a uma pergunta já formulada); a Teriomancia (predição por meio dos movimentos de animais); e a Capnomancia (predição pelo movimento da fumaça), e sem parar *ad infinitum*[6].

Ouso dizer que a pessoa poderia usar qualquer radical, somar o sufixo "mancia" e então desenvolver um sistema de adivinhação. Não estou sendo brincalhão. Penso que, pelo fato de a nossa realidade material ser principalmente holográfica – quer dizer, todas as

---

6. Fred Gettings, *The Encyclopedia of the Occult*, Londres, Rider and Co. Ltda., 1986.

partes são ao mesmo tempo o todo –, e dada a habilidade dos receptores humanos de ter acesso a uma variedade de planos, inclusive aos planos fora do nosso mundo temporal, qualquer sistema pode ser usado para adivinhação.

Pessoalmente, as minhas experiências com tais assuntos deram-se por meio de formas convencionais. No começo eu estava um pouco subjugado por ter uma "leitura" que estivesse vinculada diretamente ao objetivo, e de repente me senti nu. Ao mesmo tempo, foi libertador. Inclusive quando os eventos se desdobraram exatamente como as cartas ou os astrólogos disseram que seriam, sempre ocorriam variações sobre um tema básico ditadas pela minha vontade livre.

Para um ator iniciante, as adivinhações podem trazer à luz talentos ocultos e ajudar na administração da carreira. Porém, assim que você começar a se conhecer mais completamente, a necessidade de adivinhação será reduzida. A própria vida torna-se uma adivinhação.

O mestre, os poderes, as práticas, a dinâmica de grupo, as adivinhações – virtualmente tudo –, apresentam-se, para o pesquisador, como portais. Reconhecer quando os portais estão abertos, porém, é um domínio sutil que precisa de grande paciência e vigilância. Vá lentamente, como se a sua vida dependesse disso.

Assuma, por enquanto, que temos acesso a ambos os mundos. Podemos ter acesso a ambos os mundos? Alguns dizem que sim. Na tradição sufi, ensina-se que estamos invocando alguma entidade o tempo todo, inconscientemente. Elas são como uma multidão de máscaras que chamejam pelo espelho do nosso ser. A maioria delas foi cristalizada pela conformidade às estruturas sociais. Quando invocadas involuntariamente, cada uma assume que é o mestre da casa, incapaz de admitir que existem algumas outras máscaras rondando pela casa.

Se você quiser testemunhar uma troca de máscaras, qualquer dia, apenas insulte alguém. Esse é o modo mais fácil, visto que a vaidade humana é muito frágil. Garanto a você que verá uma luz bruxuleante e uma máscara nova emergirá, sem qualquer tipo de ligação com a anterior. Melhor até: tente descobrir as próprias máscaras. A dificuldade, neste caso, é que cada máscara assumirá o seu domínio. A máscara que está lendo isto pode jurar que está, realmente, atenta, mas logo em seguida uma nova máscara deslizará imperceptivelmente e nada saberá sobre tal juramento. A máscara que se lembra vagueará nas profundezas, só aparecendo muito mais tarde quando as melhores oportunidades para uma fiscalização forem passadas.

O que deve ser feito? Para o ator, isto é mais fácil porque normalmente ele trabalha em grupos. As dinâmicas de grupo são úteis para os outros começarem a reconhecer as suas máscaras e, assim, dissolverem o seu poder. Do mesmo modo, a necessidade de se manter um personagem, para estabelecer um conjunto de máscaras em funcionamento, que foi construído para retratar aquele ser, requer uma concentração e um enfoque da atenção que irão facilitar uma participação mais voluntária no jogo das "suas próprias máscaras". Nesse caso, em algum ponto, as máscaras podem, na verdade, ser usadas para atingir, para cima ou para baixo, a escala das energias, como se fosse o suporte de um totem acessando vários planos e acumulando dados.

Quando isto for realizado, haverá verdadeira liberação de todas as máscaras de criação. Nesse ponto, a pessoa torna-se o Buda Dourado, sentando-se num rio, rindo e mudando as suas máscaras com alegria, esplendorosamente radiante. Todas as coisas tornam-se possíveis porque todas as dimensões fundiram-se no Ser Único.

E. J. Gold, *The Beginning*, bico de pena, 28 x 38 cm, Rives BFK, 1987.

E. J. Gold, *Arlequine*, bico de pena e pastel, 28 x 38 cm, Rives BFK, 1987.

11. A Energia Sexual e a Interpretação

Não é preciso pesquisa para descobrir que a esmagadora maioria do material dramático trata do amor, particularmente o romântico. Existem outros temas, como honra, vingança, lutas políticas e semelhantes. Após uma pesquisa mais acurada, você descobrirá que até mesmo esses temas envolvem relações de amor de um tipo ou de outro.

Acho que se pode dizer, seguramente, que muitos atores tornaram-se apaixonados pelo mundo da atuação devido à sua procura pelo amor romântico. A maioria dos atores já se deu conta de que se sentiram normalmente mais desejáveis quando estavam desempenhavam um papel romântico do que quando não o faziam. Isso, sem dúvida nenhuma, é um combustível somado às ambições de melhorar a sua arte. Eles estão sempre literalmente ávidos em obter esse tipo de papel!

É sabido muito bem, do mesmo modo, que algumas pessoas são bastante modestas à clara luz do cotidiano, mas que no palco conseguem ostentar uma beleza transcendental. Outras, talvez, são magníficas à luz de uma câmera fotográfica. E alguns atores tornam-se mais atraentes, mais viris, mais vibrantes quando amadurecem. Qual o seu segredo?

Na verdade, não há nenhum segredo. É justamente o enganoso óbvio, mais uma vez. Se der uma olhada ao seu redor hoje, você verá que o *modus operandi* de quase toda publicidade é o sexo. E por que é que a maioria dos tablóides querem divulgá-lo? Segredos sexuais! Em todos os lugares, especialmente no Ocidente, há uma preocupação extraordinária com o sexo.

Ironicamente, há igualmente uma extraordinária ignorância cercando o tema. Freqüentemente, o sexo é pura titilação ou tabu. E na atualidade, com o advento da AIDS, o sexo tornou-se um "assunto médico", cheio de perigos clínicos e medo. Essa epidemia de enormes proporções começou a se infiltrar em toda a humanidade. Sabiamente, as pessoas estão começando a filtrar os seus parceiros, tomando precauções especiais durante o sexo e, em alguns casos, privando-se dele completamente.

Na esteira disso, até mesmo as cenas de amor para os atores estão se tornando, agora, cada vez mais complicadas do que antes. No interior de suas mentes, eles agora devem se perguntar: "É seguro?. . .Essa pessoa contraiu a doença e, nesse caso. . . O que é que eu faço?" Esse medo, embora as evidências apontem que a AIDS só é transmitida por meios muito específicos (compartilhar agulhas, transfusões de sangue e emissão sexual), indubitavelmente o medo continuará assomando.

Atores que por muito tempo, consciente ou inconscientemente, confiavam na energia sexual para se elevarem e embelezarem, estão enfrentando um estranho dilema. Como lidar com as novas tendências sexuais e, ainda assim, manter os canais abertos para a sensualidade, a intimidade e a felicidade?

O primeiro passo é lidar conscientemente com a energia sexual. A maioria das pessoas ou é melindrosa (esperando que o mero desejo sexual, de alguma forma, influencie os seus modos) ou promíscua (rebelando-se contra a prudência pelo abuso da paixão sexual). Ambos os comportamentos são extremos que podem danificar o sistema e, em última instância, deter o progresso em muitas áreas.

Aqueles que esperam controlar o seu desejo sexual pela abstenção, cometem o terrível engano de abanar as chamas com a psicologia inversa. Como decorrência do esforço de terem que negar o desejo, isso apenas o sublima e faz com que ele cresça mais forte, precisando novamente de mais esforço e atenção da mente consciente e inconsciente. Esse ciclo, como Freud mostrou, se for mantido ininterrupto pode – e freqüentemente é o que acontece – resultar em perdas psicológicas às vezes chamadas de *neurose*.

No outro extremo, pessoas que têm uma vida sexual ativa demais são apanhadas pelos sempre crescentes ciclos dos umbrais do prazer, sentindo que precisam, cada vez mais, de excitação. Esse ciclo de luxúria conduz, tipicamente, a laços emocionais que são terrivelmente complicados. Tudo isso resulta no esgotamento das energias vitais – energias estas que precisam ser refinadas, preparadas, e que ativam o Eu espiritual.

Lembra-se do velho provérbio, *o fogo briga com o fogo?* Os antigos sabiam o que isso significava. Sabiam que o alcance espiritual buscado, somente seria possível depois que os inflamados cavalos da energia sexual estivessem arreados. O seu segredo era usar a energia sexual de maneira consciente para aumentar o seu trabalho nos centros espirituais mais elevados. Sabiam que a energia sexual ajuda o homem a superar a energia sexual[1]!

A forma como isto se dá constitui a abordagem de várias disciplinas espirituais, o tantra e a ioga sendo as mais amplamente conhecidas. Ambos os sistemas têm mérito inegável e podem, certamente, ter sucesso na transmutação da energia sexual para atingir patamares mais elevados. A minha experiência com o tantra na sua forma hindu, porém, me dá a impressão de um simbolismo e disciplina muito complexos para serem assimilados por alguém que não seja um renunciado e dedicado completamente à forma. A Ioga (refiro-me aqui principalmente à hatha-ioga) é mais simples e mais acessível, porém acho que o acento na respiração torna os alunos um pouco acomodados.

O melhor sistema, para mim, é de longe o sistema taoísta. É simples, efetivo e utiliza a energia sexual de uma maneira diretamente aplicável aos atores. Suas práticas podem ser feitas em qualquer lugar, sem requerer uma atenção excessiva. O estilo taoísta de circulação de energia, igualmente, afia a mente e aprofunda o contato com o instrumento físico e o corpo emocional. Finalmente, é não-dogmático e essencialmente não-religioso, permitindo ao ator praticar as técnicas sem mergulhar num treinamento religioso complexo.

O sistema chinês é muito prático e, embora existam ritos cerimoniais taoístas para aqueles que buscam esse aspecto, os seus ingredientes de funcionamento estão contidos num formato relativamente simples, livre de mitos e rituais. Os chineses também valorizam o domínio dos campos da medicina, pintura, caligrafia, artes marciais, música, poesia e dança, sendo que tudo isso pode ser unido ao sistema taoísta, caso o iniciado assim o desejar.

A primeira parte do formato é uma técnica de meditação. Essa técnica está preocupada, principalmente, com a acumulação de Chi, ou aquilo que poderíamos chamar de "força vital", dirigindo então a energia ao longo dos principais canais de energia do corpo. Tipicamente, os canais estão bloqueados nos lugares em que o Chi não pode fluir. As meditações são usadas para abri-los gradualmente. Uma vez que o Chi esteja fluindo livremente, circulando em seu pleno potencial (como a energia de uma criança), pode então ser dirigido para despertar os centros de poder mais elevados do corpo. A energia sexual, no sistema taoísta, é Chi e se move numa quantidade e velocidade maiores do que o normal.

A meditação começa sentando-se na extremidade de uma cadeira com os pés paralelos, as pernas confortavelmente separadas e também paralelas. A espinha deve estar ereta e com a cabeça centrada;

1. Elizabeth Haich, *Sexual Energy and Yoga*, New York, Aurora Press, 1972, p.36.

as mãos devem ficar unidas palma contra palma de maneira relaxada, descansando nas coxas superiores. Os pés servem como "fio de aterramento" e devem estar firmemente plantados no chão. Deve haver também uma leve inclinação da cabeça para evitar um bloqueio da energia na parte de trás do pescoço.

A seguir, faça com que leves e profundas respirações acomodem o sistema e comecem a concentrar a mente. É bom expulsar qualquer foco de tensão. Depois, portanto, que a mente aquietar-se um pouco, mentalize em repousar a mente no umbigo. Essa intenção deve ocorrer sem esforço. No início, você pode ajudar a mente colocando o dedo indicador no umbigo para ajudar a localização da energia. Visualize o umbigo. E como uma visualização adicional, se necessário, veja o umbigo como o centro do exercício e, gradualmente, veja os círculos do exercício recuando, tornando-se cada vez menores e movimentando-se para o interior, em direção a um círculo vermelho mais secreto do umbigo.

Repouse aí momentaneamente, até que uma morna corrente de energia seja sentida. Em seguida, com suavidade, tencione a corrente cinco centímetros abaixo do umbigo no local chamado *Tan Tien*. Isto será uma sensação ligeiramente diferente em associação com este passo e, normalmente aprofundará a meditação. Após alguns momentos, guie a energia para a base do pênis (homens) ou para os ovários (mulheres). Neste ponto, a energia tende a se aquecer consideravelmente. Na seqüência, conduza a energia para o períneo, que fica entre os órgãos sexuais e o ânus. Assim que a energia tiver sido coletada, mande-a para baixo, para a parte de trás das pernas, para o lugar que fica no centro dos joelhos; a seguir, para a superfície inferior dos pés, daí para a ponta de cada dedão dos pés e em seguida volte para cima, por fora das pernas, até os pontos que ficam atrás dos joelhos, e retorne ao períneo.

Nesse momento, há opções para uma circulação adicional que só deveriam ser feitas após a orientação adequada de um instrutor de meditação. Por ora, permita que a energia retorne passo a passo até o centro do umbigo, onde ela pode ser armazenada.

Esta meditação é conhecida como *A Órbita Microcósmica,* e é freqüentemente ensinada nos centros de Tai-Chi ou da Ioga Esotérica taoísta, na maioria das grandes cidades. Mantak Chia, um dos principais defensores deste sistema, escreveu livros excelentes em várias áreas. O seu livro, *Awaken Healing Energy Through the Tao*[2] *(Desperte a Energia Curativa Através do Tao)*, é o melhor livro sobre as técnicas de meditação com as quais tive contato. As mulheres também podem ler o seu livro, *Cultivating the Female Sexual Ener-*

---

2. Mantak Chia, *Awaken Healing Energy Through the Tao*, New York, Aurora Press, 1983.

gy[3] *(Cultivando a Energia Sexual Feminina)*, para uma informação mais específica com respeito à meditação aplicada às mulheres.

Deve-se ainda ponderar que a meditação dura de quinze a vinte minutos e não requer a posição de lótus das pernas, travesseiros especiais, mantras ou qualquer outra coisa, a não ser a concentração. Permita-me igualmente lembrar a observação de Michael Chekhov quanto ao poder da imaginação. Você só precisa imaginar e visualizar a energia que viaja e, em pouco tempo, ela começará, de fato, a fluir. Posso dizer, pessoalmente, que quando a energia começou a circular em meu corpo e comecei a dirigi-la para pontos específicos, isso melhorou dramaticamente não apenas a minha consciência dos canais de energia em mim, como também a dos outros.

Acresce ainda que tenho mantido uma constituição saudável e jovem devido à minha prática diária. De fato, as pessoas que me conheceram anos atrás parecem surpresas ao verem como atualmente pareço jovem. O que não percebem é que o aperfeiçoamento do Chi é a lendária "fonte da juventude", a qual tinham ouvido falar os antigos espanhóis. É claro que eles levaram isso literalmente ao pé da letra, e viajaram por todo o globo procurando e matando para encontrar uma fonte. Obviamente, nunca a encontraram.

Outras coisas que podem ser obtidas, além do aumento de uma vitalidade juvenil, são a equilibrada pressão sangüínea, a melhora da digestão, hábitos de sono saudáveis, pureza de paladar, olfato e de todas as sensações. Por acréscimo: uma certa confiança íntima se desenvolve ao se conhecer o sistema de energias do corpo e, em última instância, ter consciência da caminhada dessa energia. Isto é particularmente evidente no caso do sexo.

Por muitos anos, eu, como a maioria das pessoas no mundo, pensava no sexo como o anseio por uma energia prazerosa que envolvia sinais sensuais complexos, que construiriam e conduziriam, por fim, em direção a um tipo de meta: o clímax. Tal orientação, porém, quanto ao objetivo, foi problemática para os homens e fonte constante de frustração para as mulheres, que desejavam mais do sexo. O quadro clássico de um homem alcançando o clímax e deixando a mulher insatisfeita é uma tragédia da moderna ignorância sexual.

Uma vez purificados os canais de energia do corpo por meio da meditação, o ato sexual torna-se mais do que simplesmente correr rumo ao clímax: torna-se uma meditação. Numa quantidade relativamente pequena de tempo, o homem pode aprender aquilo que é conhecido como *controle da ejaculação*. Isso é mais do que mera retenção; o homem, na verdade, aprende a fazer circular a energia pelos caminhos dos principais meridianos do corpo – como se faz na Órbita Microcósmica.

---

3. Mantak e Maneewan Chia, *Cultivating the Female Sexual Energy*, New York, Healing Tao Books, 1986.

Quando domina essa técnica, o homem pode experimentar o clímax sexual ao longo do corpo inteiro sem ejacular esperma.

Este método de fazer amor era conhecido pelos sábios taoístas há séculos, e era um dos seus segredos de longevidade. De acordo com o sistema taoísta, a força vital de um homem, ou Chi, é armazenada em grande quantidade no esperma. A perda de esperma pela ejaculação continuada significava literalmente perda de vida. Pense no eufemismo francês para o clímax, *la petite mort*, ou "a pequena morte".

Isso não quer dizer que o homem nunca deva atingir o clímax ou, até mesmo, que a plena retenção seja aconselhável. Ao contrário, o homem deve aprender o intervalo certo de ejaculação aconselhável à sua condição e idade, permitindo-lhe controlá-la e prolongar o sexo até que a sua parceira alcance a satisfação. Isso permite uma experiência sexual mais prazerosa e profunda para ambos, em última instância[4].

Num antigo livro chamado *Yu Fang Pi Chuch (Os Segredos da Câmara de Jade)*, há um diálogo entre Tsai Nu e P'eng Tsu que explica os resultados positivos do controle da ejaculação:

> *Tsai Nu*: Supõe-se, geralmente, que um homem obtém grande prazer com a ejaculação. Mas quando ele aprende o Tao, vai emitir cada vez menos; o seu prazer também não diminuirá?
>
> *P'eng Tsu*: Longe disso. Depois da ejaculação, o homem fica cansado, os seus ouvidos ficam zumbindo, os olhos pesados e ele quer dormir. Fica sedento e os seus membros tornam-se inertes e rígidos. Através da ejaculação, experimenta um breve segundo de sensação, porém longas horas de cansaço como resultado. E isso não é, certamente, um verdadeiro prazer. Por outro lado, se um homem reduz e regula a sua ejaculação a um mínimo absoluto, o seu corpo será fortalecido, a sua mente se tornará mais leve e a sua visão e ouvidos melhorarão. Embora o homem, às vezes, pareça ter-se negado a sensação de ejacular, o amor por sua mulher aumentará grandemente. É como se ele nunca pudesse ter o bastante para ela. E isto é o verdadeiro prazer duradouro, não é[5]?

Masters e Johnsons também concluíram, recentemente, que um homem não tem necessidade de clímax toda vez que faz sexo, e que há algumas vantagens definitivas em não se chegar a ele. Realmente, há várias técnicas descritas por eles (principalmente para ajudar na ejaculação precoce), as quais estão muito próximas das técnicas taoístas[6].

A diferença básica entre os estudos modernos e os antigos processos é que o método taoísta usa a mente para fazer circular a energia, e não somente manipulações e retenções. Durante o ato de fazer amor, a energia sexual pode ser dirigida pelo macho para circular do seu corpo para o da fêmea, e esta, por sua vez, pode fazê-la circular dentro da sua órbita de energia e, depois, devolvê-la ao macho. Este *circuito* produz uma troca curativa de energias

---

4. Jolan Chang, *The Tao of Loving*, New York, E. P. Dutton, 1979, p. 29.
5. *Idem*, p. 21.
6. *Idem*, p. 41.

Yin e Yang, equilibra os hormônios e cria uma terna sensibilidade entre ambos os parceiros.

Quando o homem aprende a controlar a sua energia sexual e a ter clímax sem ejaculação, o método pode funcionar também como controle natural de natalidade[7].

Enquanto existem diferentes opiniões sobre a exata relação entre as ejaculações e os coitos, há consenso de que é mais benéfico para o homem mais velho ter menos ejaculações. E como guia básico, é válido levar em consideração as seguintes palavras de Liu Ching, mestre taoísta do século VII, escritas provavelmente num livro de Chang Chan intitulado, *Longevity Principles (Princípios de Longevidade):*

> Na primavera, um homem pode se permitir ejacular uma vez a cada três dias. No verão e no outono, duas vezes por mês. Durante o frio inverno, a pessoa deveria guardar o sêmen e não deveria ejacular nada. O caminho para o Céu consiste em acumular a essência do Yang durante o inverno. O homem atingirá a longevidade se seguir isto[8].

Para o ator, isso significa o controle gradual de sua energia sexual para que ela possa ser usada em sua arte. O ator não somente terá mais energia e desfrutará de melhor saúde, como também não ficará mais dividido por causa dos transtornos compulsivos de sua natureza animal. Mais que tudo, terá descoberto um modo de controlar as mais baixas funções a fim de despertar os centros espirituais mais elevados.

Porém, para usar este método de fazer amor se faz necessário possuir uma parceira (ou parceiro) que esteja interessada nessa comunhão sexual que visa uma função mais elevada. A parceira (parceiro) certa é fundamental.

Casais que tenham interesse nesse assunto podem consultar alguns livros que versam sobre ele, porém sugiro obter orientação de um mestre de Tai-Chi ou de alguma tradição espiritual que o vivencie pessoalmente. Um desses mestres, Da-Love Ananda, em seu livro *The Eating Gorilla Comes in Peace (O Gorila Que Come Torna-se Pacífico),* tem um capítulo sobre o assunto intitulado "The Regenerative Sexual Response" ("A Resposta Sexual Regeneradora"). Nele, diz o seguinte:

> Quando o casal se separa, o macho deve, normal ou freqüentemente, reter a ereção, e a fêmea deveria permanecer cheia de vida e até mesmo de desejo. O desejo remanescente e a abundância são a nossa vantagem, o nosso verdadeiro alimento... Tal abundância é um dos meios para que ela própria atraia mais vida, considerando-se que o esgotamento ou a 'satisfação' convencionais provêm apenas um dos meios pelos quais somos esvaziados de vida em cada momento de nossa existência.

7. *Idem*, p. 111.
8. *Idem*, p. 43.

E depois, nesse mesmo capítulo, continua:

O processo regenerador não elimina o orgasmo; transforma-o. Assim, por outro lado, a resposta que deveria produzir orgasmo tem que continuar a estar presente na comunhão sexual. Através da participação correta na resposta prazerosa extática ou irresistível, algo acontece no corpo que é regenerador, e isso serve para despertar as funções mais elevadas do cérebro[9].

Na tradição da ioga tântrica (tantra significando "método"), há *asanas* ou posturas de Ioga especificamente programadas para a união sexual. Tais posturas ajudam a canalizar a energia ao longo de rotas exatas com uma força tão poderosa que isso liberará aquilo que se chama *Kundalini*, ou a *Corrente Psíquica*[10]. No entanto, o tantrismo (ao menos para os ocidentais não versados nas tradições indo-asiáticas) é altamente ritualístico e, embora tenha provado ser efetivo, parece, como disse antes, impraticável para os atores ocidentais.

De acordo com a minha prática, não são necessários rituais extensos para dominar o controle da ejaculação. Algumas pessoas com as quais falei concordam que, em grande parte e, por ser ao mesmo tempo um problema poder conhecer tudo isso, é bom antes de tudo verificar do que se trata e, então, aplicar algumas técnicas. O único obstáculo para que a informação se torne uma prática extensamente conhecida é igual a qualquer obstáculo a toda prática espiritual, ou seja, a ignorância. As pessoas geralmente são relutantes em sacrificar os momentos de montanha-russa da excitação de sua existência habitual, em favor dos prazeres mais lentos, mais sutis. O que não percebem é que tais prazeres sutis são a chave para abrir as reservas de energia do imenso poder que, a seguir, poderá ser usado para o verdadeiro objetivo e significado da vida. O que poderia causar maior excitação?

Concentrei-me basicamente no aspecto masculino do controle da ejaculação. Mas, é evidente que as mulheres participam, com os homens, desse processo, em especial no início. Elas também se beneficiam da meditação da *Órbita Microcósmica*, criam e circulam aquilo que se chama de *Energia Ovariana*. A mulher também pode, e muito, reciclar a sua energia sexual da mesma maneira como faz o homem, com exatamente os mesmos benefícios. Deve aprender a arte da *Retenção Orgásmica* pelo qual pode transformar a energia sexual despertada pelo orgasmo num total orgasmo do corpo. Esta energia circula ao longo de rotas específicas, que mantêm as secreções glandulares e hormonais saudáveis e estimulam o despertar de

---

9. Heart Master da Love Ananda, *The Eating Gorilla Comes in Peace,* San Rafael, The Free Daist Communion and The Dawn Horse Press, 1987, pp. 331-345.
10. Moorkerjee e Khanna, *op. cit.*, p. 26.

energias mais elevadas que podem ser usadas para servir aos objetivos espirituais superiores[11].

Ambos, fêmea e macho, podem beneficiar-se da canalização adequada das energias sexuais. Para o ator ou atriz que dominem tais técnicas, há numerosos benefícios: saúde radiante, clareza sexual (não mais sendo vítima da luxúria), clareza mental, juventude renovada e vigor, sistema neuromuscular fortalecido e o cultivo do verdadeiro amor, na forma de sabedoria espiritual.

Ouso dizer que, se mais pessoas aprendessem a empregar tais técnicas relativamente simples, os atores, assim como os não-atores, tornariam o mundo um lugar mais seguro e mais amoroso para se viver.

---

11. Mantak e Maneewan Chia, op. cit., p. 177.

12. Dualidade e Extensão do Progresso

Desde o trabalho de Stanislávski, houve um contínuo debate entre os atores e as escolas de interpretação sobre o tema: *do interior para o exterior* versus *do exterior para o interior*. Ou seja, um ator deve encontrar a verdade desenvolvendo o trabalho a partir do seu interior, que então se expande para cumprir as demandas exteriores do papel, ou o ator deve trabalhar sobre as manifestações exteriores para, então, encontrar a verdade interior? O debate pode ser melhor exemplificado pelo contraste entre o usualmente aceito método de trabalho americano, do interior para o exterior, e o britânico, do exterior para o interior. Na realidade, o debate ocorre desnecessariamente, visto que os bons atores, na verdade, fazem sempre o seu trabalho de acordo com as necessidades de cada papel em particular.

Não surpreende que o mundo do trabalho espiritual tenha uma dualidade semelhante. Há aqueles que defendem uma reflexão interior profunda, que irá produzir resultados na ação e no comportamento. Outros insistem que os rituais e o comportamento religioso irão induzir à reflexão interior profunda. Essa oposição é parecida com as abordagens duais do budismo: o zen evita um ritual complexo em favor da aquisição, antes da pura consciência para, depois, lentamente, poder explorar outras regiões da mente. O budismo tibetano sugere acalmar gradualmente e depois explorar continuamente até que o estado de pura consciência seja alcançado, e então a reflexão surgirá rapidamente[1].

Na era greco-romana, havia o famoso debate entre estóicos e epicuristas. Os primeiros levavam uma vida de dura disciplina e investigação muito séria sobre a natureza da vida. Os segundos desenvolviam suas vidas com base na filosofia: *Viva a vida totalmente, pois amanhã poderá estar morto.*

Há exemplos dessa dualidade em todos os níveis da vida contemporânea, dualidades que seguem ao par da vida religiosa. Por um lado, existem os ascetas que vivem uma vida austera e altamente disciplinada. Do outro lado, há aqueles que acreditam que a abundância, a prosperidade e a energia sensual são a expressão natural e a recompensa da pureza religiosa.

Uma extensão adicional dessa dualidade ocorre na idéia de *redenção*. Os adeptos da visão cristã asseveram que a alma do homem já está completa e salva da danação devido à sua devoção e aceitação de Cristo, cuja imolação assegurou que a família dos cristãos seria elevada aos céus perpetuamente. Há também a visão contrastante de que a alma do homem é incompleta e que o trabalho de Jesus e dos demais como ele era um exemplo simbólico do processo que todos nós teremos que completar, com vistas à superação do ciclo de encarnações e, dessa forma, passarmos para o próximo estágio da evolução.

A emoção na atuação e na religião é outro tópico que também vive uma dualidade. De acordo com algumas escolas de pensamento, emocionar-se e lançar-se completamente à emoção é bom. Na atuação, verifica-se o aprofundamento do sentimento e da verdade nua e crua. Na religião, verifica-se a verdadeira rendição ou perdão, que é um espetáculo significativo de amor. As outras abordagens sustentam que a emoção na atuação deverá ser removida para longe do evento a fim de eliminar a delicada comunhão com a platéia e, na realidade, despojá-la da oportunidade de se emocionar. Os adeptos desta crença nas religiões argumentam que o emocionalismo não é saudável, que é um sinal de impureza e desequilíbrio espiritual.

Estamos novamente às voltas com as dualidades da atuação psicológica *versus* a atuação não-psicológica; da técnica *versus* o instinto; da reencarnação *versus* a não-reencarnação; da morte como um fim e da morte como um começo; e assim sucessivamente.

Todo tópico sobre o *ego* está carregado de dualidades. O ator deve apegar-se ou irradiar o seu ego? O que dizer sobre os mestres espirituais? Não se supõem que devam ser desapegados dos seus egos? Não obstante, por que parece que muitos deles possuem egos enormes?

Com todas essas dualidades, fica difícil chegar a uma conclusão: como saber se o que você sabe é aquilo que você pensa que sabe?

---

1. Thomas Merton, *op. cit.*, p. 265.

Qual é a medida do progresso espiritual? Se você chora por causa da empatia pela dor de outra pessoa, isso é progresso ou patologia? Se você se torna magro ou gordo, ou se nenhuma mudança física acontece, isso de alguma maneira é sinal de progresso espiritual? E o que dizer sobre os sonhos? Sobre os recém descobertos poderes de concentração? É possível perder com esse trabalho ou ganhar com ele? Uma súbita boa fortuna ou um súbito infortúnio? Qual é a medida para uma avaliação?

Essas ponderações configuram uma função primária para qualquer professor. Normalmente, muito daquilo que o iniciante valoriza como progresso, ou é inútil ou, então, um impedimento para o real progresso. É como o pai que ajuda a criança. O professor (pai) observa a aprendizagem da criança (aluno) e, às vezes, vê a criança se desviar ou então começar a seguir uma direção em que o perigo espreita – e nesse caso tem que redirecionar depressa a criança. Uma mãe, por exemplo, raramente deixa seu filho subir sozinho uma série de degraus da escada.

Por outro lado, o bom professor, tal como o bom pai, sabe que limpar *sempre* o leite derramado não ensinará à criança a limpá-lo

À parte os mestres, cada tradição tem as suas placas indicadoras que sinalizam, ao longo do caminho, para assegurar o pesquisador se está havendo progresso. Os sinais, apesar de serem de alguma forma semelhantes, variam de tradição para tradição.

Na tradição taoísta, por exemplo, um sinal poderia ser o corpo tornando-se mais delicado e flexível, ou a mente conseguir uma calma profunda. Os poderes psíquicos também são um sinal; no taoísmo, porém, como em todos os outros caminhos, os chamados "poderes" existem na essência do tempo, sendo a derradeira meta ir para além do tempo[2].

Da mesma forma, com referência àquilo tudo que juntei quanto à tradição, ocorre um momento, para qualquer pesquisador, que constitui o ponto de não-retorno. O mundo dos fenômenos comuns começa a se alterar ligeiramente e a permitir um grande número de possíveis ocorrências: seres luminosos podem aparecer, vozes podem ser ouvidas, alucinações de variadas proporções podem acontecer, juntamente com lampejos de profunda emoção, movimentos involuntários do corpo e períodos de vacuidade.

Embora as condições acima citadas sejam, freqüentemente, sinais auspiciosos e uma constatação do progresso espiritual, poderiam significar também o começo da *Noite Escura da Alma*, condição mística a qual San Juan de la Cruz escreveu tão eloqüentemente. Nesse estágio, é importante prestar atenção e convocar uma ajuda apropriada.

---

2. Ni Hua-Ching, *op. cit.*, pp. 86-106.

Obviamente, isso requer atenção especial aos tipos de ajuda disponíveis e o objetivo de tal ajuda, e além disso é necessário a maturidade para se perceber o quanto de ajuda é preciso.

Viver no reino da dualidade, como o fazemos, é muito duro para a alma que almeja a unidade. O verdadeiro progresso é um estado do ser nas suas fases avançadas, e nelas já não se aplicam os critérios habituais de medida tomados emprestados ao mundo da dualidade. A alma deve lutar contra o dragão da mente racional. Se vitoriosa, a mente terá que se corrigir dentro do contexto de uma orientação completamente nova. Os elementos do verdadeiro progresso, nesse caso, podem não ser racionais, agradáveis ou aceitáveis.

Ajudar ou ser ajudado durante os jorros de crescimento críticos, configura-se importantíssimo. E isso, em parte, é o assunto do meu próximo ensaio.

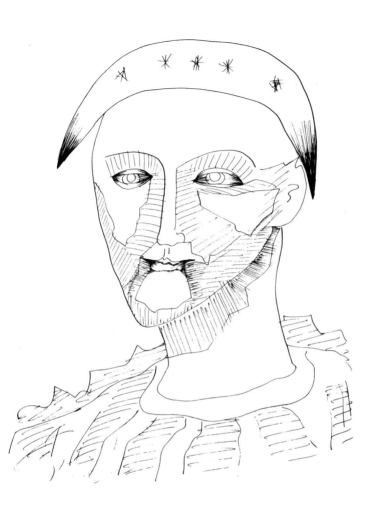

E. J. Gold, *Anatomy of a Troubadour*, bico de pena, 28 x 38 cm, Rives BFK, 1987.

E. J. Gold, *Heaven and Hell*, bico de pena, 28 x 38 cm, Rives BFK, 1987.

13. Palavras de Advertência

Não sei quanto a você, mas cresci pensando que, se eu fosse agradável aos outros, se obedecesse aos Dez Mandamentos e fizesse boas ações em minha vida, quando morresse, iria automaticamente para o céu. Isso seria o bastante. Nunca questionei, realmente, o que seria o céu, pois sabia que deveria ser melhor do que as descrições correntes sobre o inferno. Depois, durante a adolescência, no meu círculo de amigos, era comum que se ridicularizasse a noção ou qualquer menção sobre uma possível existência depois da morte. Vivemos e morremos, isso é tudo. Uma grande coisa!

Na seqüência, após várias experiências extraordinárias que me convenceram de que a realidade era maior do que tudo isso que me haviam dito que era, decidi educar a mim mesmo. Evidentemente, a maioria dos meus professores da escola pública tinham outras coisas em suas mentes.

Caminhar em direção oposta à visão de consenso me proporcionou novas perspectivas. Comecei a ver o desespero nas faces dos adultos, que pareciam estar sempre correndo e tentando escapar de alguma coisa. Vi as falhas escancaradas do nosso conhecimento sobre a realidade e desejei saber por quê, afinal de contas, depois de toda essa propalada evolução, havia uma estupidez tão excessiva no gênero humano.

E quis conhecer, então, o céu. Tentei me imaginar sentado, totalmente feliz, sobre uma nuvem do céu – isso me aborreceu. Quando comecei a fazer perguntas, logo descobri, para meu grande desânimo, que ninguém sabia o que acontecia ou supunha o que estamos fazendo aqui neste planeta.

Gradualmente, após consideráveis hesitações e vacilações, encaminhei para fontes que me ajudaram a entender aquilo que poetas e místicos tentavam comunicar. Até mesmo alguns dos contos bíblicos começaram a fazer algum sentido. Fui guiado de escola secreta para escola secreta, tecendo dentro e fora do teatro caminhos espirituais até que uma tapeçaria de verdade começou a se formar. Como parte disso, conscientizei-me com inegável clareza de que nada é aquilo que parece ser. Inserir-se no mundo da evolução espiritual é penetrar pelo espelho de regiões em que a mente racional não ocupa nenhuma posição segura.

Todo mundo reconhece que o caminho espiritual significa, mais que tudo, uma transformação. A maioria das pessoas, porém, não se dá conta do esforço necessário ao trabalho de transformação. É preciso coragem e fortaleza para despertar (É possível que a frase bíblica: "Os mansos herdarão a terra", seja verdadeira. Essas almas, que são muito submissas visando transcender, podem estar destinadas a ficar estacionadas). É por isso que escolhi incluir, aqui, algumas palavras de advertência. Assim sendo, quando as coisas se tornarem cabeludas, você não poderá dizer que não o adverti!

O fundamento básico da fortaleza espiritual é a energia. Precisa-se muito dela para sustentar a pessoa durante suas tentativas e tribulações pelo caminho. Porque é importante começar cedo na vida; se isso acontecer mais tarde, apesar das melhores intenções é possível que não haja a energia necessária para realizar qualquer coisa.

Deixe-me adverti-lo, igualmente, de que não somente existem coisas que são equivocadas e que necessitam de grandes recursos de energia, mas que também há sacrifícios que devem ser encarados. Não aqueles do tipo rituais sangrentos de bodes, muito embora eles às vezes possam parecer mais fáceis. Refiro-me aos exercícios pessoais e básicos. Para um ator, a ambição e o lucro pessoal talvez sejam os primeiros fatores a serem sacrificados.

Do mesmo modo, deverão ser sacrificadas as idéias convencionais de sucesso. A idéia do "Seja bem sucedido" não deveria ser permitida a fim de se dominar a carga energética do corpo. Ao invés disso, um novo fluxo de energia, que *é produzido em cada momento* e que traz paciência, persistência e recursos ilimitados, emergirá. A fama e a dourada fortuna irão dissolver-se em favor do *banquete do agora*.

A auto-imagem solidificada deverá ser sacrificada. A coragem para entrar em novas avenidas de aprendizagem, de arriscar-se parecendo tolo e de abandonar a necessidade de ser tratado como especial, tudo isso faz parte desta transformação.

Freqüentemente, os amigos e a família são, também, sacrificados. Não de forma cruel, mas você não deve permitir que eles o intimidem quanto aos seus verdadeiros objetivos. Serão respeitados e amados como sempre, mas assim que você começar a mudar e a crescer, eles deverão estar dispostos a aceitá-lo complemente ou, caso contrário, deverão ser temporariamente afastados.

Há preparações e um ritmo apropriado aos sacrifícios e eles diferem ligeiramente de tradição para tradição espiritual. Além disso, sem isso o coração não terá condições de ser iluminado. O apego ao Eu inferior dominará e o distrairá dos objetivos mais elevados. É importante observar que sacrifícios são feitos em várias fases da jornada e, em última instância, isso inclui o sacrifício dos poderes que possam ter sido acumulados[1].

O caráter dos vários sacrifícios, bem como o contínuo foco de atenção usado na atuação, o refinamento do sistema nervoso, a radiação das platéias e a instrução propriamente dita, podem conduzir a pessoa à beira do abismo, a um ponto de colapso ou àquilo que, na tradição sufi, é conhecido como *o corredor da loucura*.

Veja, uma parte do problema da humanidade é o fato de que estamos conectados erroneamente. A polaridade entre o cérebro físico e o gânglio nervoso sacro (sagrado?), na base da espinha, foi de alguma maneira invertido. Isso acontece normalmente na infância, e foi provavelmente resultado da troca da vontade divina pela vontade própria. A conseqüência é um estado físico que quer proceder a toda mentalização e um cérebro profundo que tenta comandar os movimentos do corpo.

Utilizando-se de uma variedade de meios, pesquisadores trabalham no sentido de devolver a polaridade invertida à sua forma original. Trata-se da famosa *ascensão da energia Kundalini*. A maioria dos iniciados não está preparada para o período de transição. Este é um estado do ser produzido pelo processo de repolarização. Não é nem a consciência do antes e nem consciência que se deverá ter ao fim da transição. É um estado do ser "fragmentado" por energias divinas, no qual as crenças e construções mentais constróem o passado que foi destruído pela vontade não-dualística do coração. Do lado de fora, parece uma loucura total. Para um relato detalhado e fascinante desse fenômeno, leia *Kundalini*[2], de Gopi Krishna.

Como conseqüência, há um novo movimento na psicologia chamado *Psicossíntese*, que está desenvolvendo métodos para ajudar as pessoas nessa fase difícil de desenvolvimento. Anos atrás, pessoas nestas condições teriam sido diagnosticadas simplesmente como psicóticas e, enquanto tal, tratadas. Mas isso está mudando. Algumas pessoas começam a se dar conta dessa fase de desintegração como necessária para uma próspera reintegração. No seu livro intitulado,

---

1. E. J. Gold, *Autobiography of a Sufi*, I. D. H. H. B. Publishers, 1977, pp. 114-118.
2. Gopi Krishna, *Kundalini*, Boston, Shambhala Press, 1971.

Psychosyntesis (*Psicossíntese*), Roberto Assagioli, o principal proponente deste novo movimento, diz o seguinte:

> O desenvolvimento espiritual do homem é uma longa e árdua jornada, uma aventura por terras estranhas cheia de surpresas, dificuldades e até mesmo de perigos. Envolve uma drástica transmutação dos elementos normais da personalidade, um despertar das potencialidades até agora dormentes, uma elevação da consciência para novas regiões e um novo funcionamento da dimensão interna.
>
> Não deveríamos ficar surpresos, portanto, em achar que uma tão grande mudança, uma transformação tão fundamental, estejam marcadas por várias fases críticas que, não raras vezes, são acompanhadas por várias dificuldades nervosas, emocionais e mentais. Face à observação clínica objetiva do terapeuta, estas podem apresentar *os mesmos sintomas como aqueles devidos a causas mais habituais*, mas que na verdade possuem outro significado e função, necessitando tratamento muito diferente[3].

Um exemplo recente do corredor da loucura foi divulgado por André Gregory, diretor de teatro e o principal ator no filme de dois personagens, de Louis Malle *My Dinner with André (Meu jantar com André)*. Nesse filme, ele descreve em grandes detalhes uma fase de sua vida em que estava cheio de inexplicável sincronicidade, alucinação e um comportamento selvagem incontrolável que se assemelhava à esquizofrenia. Pensou que estivesse realmente enlouquecendo, só depois descobriu que era um processo espiritualmente transformador pelo qual estava passando.

Outro exemplo é mencionado em *The Asian Journal (O Diário Asiático)*, por Thomas Merton, um monge trapista contemplativo. Nele, conta uma entrevista que teve com Kalu Rinpoche no Tibete. Durante parte da discussão sobre a iniciação dos monges ermitãos tibetanos, Rinpoche falou sobre um período de dois anos de contemplação dzogchen, no qual o iniciado tem que encontrar e contemplar "deidades apavorantes[4]".

Todos estamos familiarizados com a inspiradora loucura de pintores como Van Gogh, Salvador Dali ou Mark Rothko. Escutamos reverentes as composições de Beethoven, Mozart ou Strávinski, lemos as abordagens poéticas de Emily Dickinson, William Blake ou James Joyce, e nos maravilhamos com as invenções de grandes escultores, arquitetos e até mesmo de estrelas do *rock*. Artistas de todas as idades tendem a atingir os limites extremos de sua consciência, apoiando-se no corredor da loucura e esperando não cair nele. Alguns caem, outros não. Todos eles, porém, se capazes, trarão vislumbres de suas visões para nós.

San Juan de la Cruz[*], um dos maiores místicos cristãos, entrou no corredor e escreveu sobre as suas experiências no livro: *The Dark*

---

3. *Apud* Itzhak Bentov, *op. cit.*, pp. 224-225.
4. Thomas Merton, *op. cit.*, p. 165.
*. San Juan de la Cruz (1542-1591), nascido em Ávila, Espanha. Tendo entrado na Ordem dos Carmelitas, juntamente com Santa Teresa procedeu à reforma dessa Ordem. O

Night of the Soul (Noite Escura da Alma). Nele, dá algumas indicações sobre como enfrentar as várias etapas. Uma das primeiras, é uma explicação do porquê da existência de tal corredor:

> Se uma alma aspira à transformação sobrenatural, é óbvio que se torna imprescindível remover tudo aquilo que esteja contido na sua natureza sensual e racional. Pelo fato de chamarmos como sobrenatural aquilo que transcende a natureza, é preciso que o natural permaneça para trás. A alma deve, completamente e por si própria, esvaziar-se de tudo aquilo que possa estar contido nela com referência a afeto e volição, de tal modo que, embora possa haver tantos quantos sejam os dons sobrenaturais que tenha recebido, deverá permanecer desapegado deles e na escuridão. Deve ser como o homem cego que encontra o seu único apoio somente na escura fé, tomando-a como seu guia e luz, ao mesmo tempo em que não se apóia em qualquer coisa que compreende, desfruta, sente e imagina. E caso a alma não se faça cega desta forma, permanecendo em total escuridão, ela não atingirá as coisas maiores ensinadas pela fé[5].

Notem a sua insistência na separação até mesmo dos "dons sobrenaturais". Depois, ele faz advertências mais específicas, por outro lado, contra o apego a eventos místicos que possam parecer muito importantes:

> Pessoas espirituais não raras vezes experimentam a presença de formas e figuras que são representações da vida do Além, como as aparições de alguns santos, de anjos e demônios ou de alguns fenômenos luminosos de esplendor extraordinário.
>
> Aqueles, então, que têm uma alta consideração com relação a fenômenos sensórios, sentem que erram redondamente e se colocam em grande risco de serem enganados. Para dizer o menos, bloquearão o seu caminho para a espiritualidade. Porque, como declaramos, não existe nenhuma relação proporcional entre todas essas coisas físicas e as coisas do espírito [...]. A razão disso é que, se Deus produz qualquer visão física ou qualquer outra percepção sensorial, ou se Ele quer comunicar-se com a intimidade da alma, o efeito será sentido instantaneamente pelo espírito sem nem ao menos dar tempo à alma para deliberar se deve aceitar ou rejeitar tal comunicação[6].

Em seu livro ele relata uma progressão ao longo do corredor, cheia de advertências e conselho. Quase no fim, fala sobre a alma que caminha com firmeza pelas partes mais escuras porque está livre das distrações:

> Os desejos sensuais e espirituais são agora postos para dormir e são mortificados de tal forma que já não podem desfrutar o prazer de qualquer coisa divina ou humana; as afeições da alma são contidas e conquistadas a tal ponto que não se podem mover ou achar

desejo de voltar à mística religiosidade do deserto custou-lhe maus tratos físicos e difamações. Preso em 1577 por 8 meses em Toledo. Nessas trevas exteriores acendeu-se-lhe a chama de sua poesia espiritual. "Padecer e depois morrer" era o lema do autor da *Noite Escura da Alma*, da *Subida ao Monte Carmelo*, do *Cântico Espiritual* e da *Chama de Amor Viva*. (N. da T.)

5. ST. John of the Cross (San Juan de la Cruz), *Dark Night of the Soul,* traduzido por Kurt Reinhardt, New York, Frederick Ungar Publishing, 1957, p. 33.

6. *Idem*, pp. 47-48.

apoio em qualquer coisa; a imaginação é exaltada e já não pode refletir de forma racional; a memória perdeu a sua força; a compreensão está na escuridão, impossibilitada de compreender qualquer coisa [...]. Está nessa espécie de escuridão em que a alma, de acordo com as suas próprias palavras, viaja com firmeza. Pois, quando estão bloqueadas todas estas operações e movimentos, é evidente que a alma está protegida contra desencaminhar-se. E quanto mais profunda for a escuridão em que a alma viaja, tanto mais a alma estará privada de suas operações naturais e maior será a sua segurança[7].

É possível trabalhar isoladamente, progredir continuamente em meio ao caos do mundo. Nesse ponto, porém, pode ser necessário procurar ajuda. E fique prevenido, uma vez que o corredor seja atingido, não há nenhum caminho para fora, exceto por via do outro fim. Saídas prematuras do corredor quase sempre acabam na loucura. Esse é o motivo pelo qual a orientação e a ajuda durante essa fase principal de transição se tornam a tal ponto uma função importante da escola secreta.

Além disso, até mesmo dentro da segurança relativa de uma escola ocorrem, de vez em quando, casos de vítimas, de pessoas que entraram no corredor apenas para se perderem. Isso é raro, mas todavia uma possibilidade e um risco[8].

Os anos de 1960 viram um grande número de vítimas do uso indiscriminado de drogas psicoativas e de práticas de ioga. Felizmente, essa motivação escapista diminuiu um pouco nos pesquisadores, fato que contribui para uma aproximação mais responsável do trabalho espiritual.

Portanto, fique prevenido. O caminho espiritual não é para diletantes. Um ator de grande profundidade e dedicação pode reconhecer aquela sua parte que, ocasionalmente, apela para a mediocridade, sussurrando coisas como: "Oh, isso é suficiente!", ou "Dá-se um jeito nisso". Sendo fatais para os artistas, assim também tais sussurros são fatais aos pesquisadores. *Sobreviver*, simplesmente, é inaceitável.

E saiba de início que, embora práticas espirituais possam aumentar certos aspectos artísticos pessoais, elas não podem substituir o trabalho duro e a verdadeira aptidão. Nenhuma pessoa deve cometer o engano de empreender uma pesquisa espiritual para satisfazer a sua ambição artística. O progresso espiritual não faz, automaticamente, um bom ator.

Da mesma forma, precavenha-se contra o *orgulho espiritual*. Esta é uma enfermidade comum em jovens pesquisadores, que não conhecem o bastante para saber o quanto não sabem. Eles dão, freqüentemente, conselhos *especializados* aos amigos e à família sem a mais leve noção das conseqüências. Em alguns, o orgulho manifesta-se com a

7. *Idem*, p. 207.
8. E. J. Gold, *The Joy of Sacrifice - Secrets of the Sufi Way*, I. D. H. H. B. and Hohm Press, 1978, p. 33.

máscara exagerada da humildade; a sua aparência exterior é completamente humilde, mas interiormente confiam no orgulho e no auto-amor. Precavenha-se também contra o desvio da prática espiritual para jogos de sala de visitas. As pessoas que gostam de imiscuir-se em tais assuntos estão se intrometendo em meios a que não pertencem. O ator é um veículo, um instrumento para afinação se você quiser, e por isso deve assumir uma postura responsável ao estudar, lenta e cuidadosamente, sob uma orientação adequada.

Por exemplo, os livros que encorajam a cura indiscriminada pelo simples ato de curar, ou a projeção astral pela simples projeção astral (ou, pior, com o argumento de ser científica), levam apenas ao mero entusiasmo por esses poderes. Infelizmente, revestem-se de uma perigosa ignorância quanto às conseqüências e finalidades de tais poderes.

Meu conselho, novamente, é procurar uma instrução autêntica. O velho provérbio, *Busca, e então acharás* ainda continua verdadeiro. Há guias e mestres disponíveis. As percepções pessoais e a prontidão irão conduzir a pessoa ao guia mais adequado à sua fase específica de desenvolvimento. Em seguida, a jornada poderá, então, começar com um sólido fundamento.

Uma palavra final de advertência. No livro de Itzhak Bentov, *The Cosmic/Comic Book (O Livro Cósmico/Cômico)*, ele desenvolve uma equação que adverte contra o desenvolvimento da *Vontade* em vez do *Amor*[9]. A natureza do amor nas pessoas deveria ser forte e não sentimental, devendo promover a orientação da força em favor da vontade. O desenvolvimento do verdadeiro amor por meio do sacrifício, do trabalho, da devoção, da oração, da contemplação ou por quaisquer outros meios, pode guiar a vontade, portanto, para desenvolver o objetivo de metas mais elevadas. Se for percorrido outro caminho, a pessoa se arrisca a ser seduzida pelos poderes, acabando fisgada pela isca do lucro pessoal.

O mundo está cheio de homens e mulheres poderosos que abusam do seu poder com vistas a lucros políticos e sociais. Tais magos negros, normalmente, não reconhecem os seus abusos. Assumem que o seu poder é um direito divino. A verdadeira transcendência espiritual, porém, é gerada pelo amor e em direções que se desinteressam do poder temporal. Deixe que os verdadeiros sentimentos do seu coração sejam o seu guia.

---

9. Itzhak e Mirtala Bentov, *The Cosmic/Comic Book - On the Mechanics of Creation*, New York, E. P. Dutton, 1982, p. 43.

E. J. Gold, *Strange Angel*, bico de pena, 28 x 38 cm, Rives BFK, 1987.

14. Canalização

> *Oh! pelo milagre que borbulha dentro de minh'alma,*
> *eu seria uma boa fonte, uma excelente cabeça,*
> *não macularia nenhum sussurro, não arruinaria nenhuma*
>   *expressão.*
>
> *Que é que está batendo? O que é que bate na porta*
> *durante a noite? É alguém que quer nos causar dano.*
>
> *Não, não, são os três estranhos anjos.*
> *Deixe que entrem, deixe que entrem.*
>
> D. H. LAWRENCE

Atualmente, estamos experimentando um volumoso ressurgimento da comunicação com as regiões invisíveis. Esse fenômeno progrediu, ultimamente, a uma taxa exponencial devido aos esforços de celebridades como Shirley MacLaine e à ocasional notoriedade de algum dos canalizadores. O que diferencia o atual movimento é que se trata de um fenômeno que ultrapassa todos os limites prévios de condição social, religiosa e financeira. Há sinais de que seja um fenômeno verdadeiramente coletivo.

Esse fato nos traz de volta aos movimentos "espiritualistas" precedentes, muitos dos quais terminaram em escândalo. Exceções notáveis por sua integridade são pessoas como Alice Bailey (que, aliás, cunhou o termo "New Age"), Edgar Cayce e Jane Roberts.

Durante décadas, o conselho e as habilidades desses sensitivos fascinaram e confundiram tanto céticos quanto crentes. Numa visão de hoje, parece-nos que eles foram pioneiros num campo em desenvolvimento e que, atualmente, apresenta um número sem precedentes de indivíduos reivindicando ter conexões psíquicas, canalizando entidades e conselhos do Além.

Há aqueles que afirmam que a canalização é um espetáculo de destreza de encantadores, enquanto outros juram e vivem suas vidas de acordo com o conselho obtido por essas transmissões psíquicas. Numerosos livros e fitas saíram no mercado, inclusive há um diretório que lista mais de quinhentos canalizadores. E isso sem contar as centenas que, por várias razões, permanecem "clandestinos".

Não há como negar tal fato; de uma forma ou outra, canalizar está se tornando um componente da nossa estrutura de vida. Pessoalmente, suspeito que sempre existiu. O Novo Testamento foi "supostamente" canalizado pelos seus vários autores, que o compilaram depois da morte de Jesus. *Shakers, quakers,* batistas e uma longa lista de religiões cristãs evangélicas acreditam "incorporar o espírito", alguns chegam até a realizarem "discursos em várias línguas".

Há muito tempo as religiões politeístas fizeram as pazes com a ocorrência da canalização. Na Índia, por exemplo, onde o teatro ritual ainda está muito vivo e funcional para as pessoas, quando um ator retrata o deus Rama, a platéia sabe, sem dúvida, que quem está presente é Rama. Nesse sentido, o ator está canalizando o deus, de forma muito semelhante aos canalizadores quando, em transe, canalizam uma entidade.

Portanto, ressalto que uma adoração religiosa, um rito teatral e a canalização são, essencialmente, variações sobre o mesmo tema. Todos usam certas leis que tornam a comunicação extradimensional possível, exatamente como faz o xamã. Na religião, a congregação é estimulada a banir as suas descrenças e a venerar o seu deus. No teatro, a platéia é estimulada a banir as suas descrenças e a identificar-se com a ação que é desenrolada no palco. Na canalização, o canal (a pessoa agente da canalização) é estimulado a banir as suas descrenças e a abrir o seu Eu para entidades mais elevadas.

Em todos esses exemplos, as pessoas escolhem ver ou experimentar algo como real, abrindo-se, portanto, a uma nova realidade. O teatro tornou-se, desse modo, muito mais aquilo que o contemporâneo compositor John Cage definiu como teatro, "O teatro é feito usando-se uma de duas estruturas: tanto a do espectador que olha um assunto 'enquanto teatro', como a dos artistas que 'compreendem que estão fazendo teatro¹'". Em ambos os exemplos, há uma escolha consciente para focalizar a atenção e definir uma nova realidade.

Numa sessão espírita, deve existir um *médium*, uma pessoa cujo instrumento psíquico *tem fé*, que pode sintonizar-se e transportar-se, ou ser transportado, para outras dimensões. Atuando como um mecanismo de afinação da atenção concentrada, o médium entra em um transe no qual o espírito invocado pode vir ao encontro das funções teleceptoras e cinéticas do instrumento.

Nesse caso, um bom ator como Téspis é um bom médium. Por meio da preparação e do refinamento, o ator pode invocar elevadas energias espirituais nos papéis de deuses, heróis e santos. Pode invocar, ligeiramente, energias mais baixas como forma de empenhar-se ou não empenhar-se nos mundanos humanos. Ligeiramente abaixo, podemos ver os "clowns", os palhaços, os bufões e os idiotas. Mais

1. Richard Schechner, *op. cit.*, pp. 248-249.

abaixo ainda, é possível ver assassinos cruéis e violentos, gente terrível. E ainda mais baixo, conhecemos demônios, gárgulas e bestas.

É óbvio que um bom ator sabe que a maioria dos personagens que está invocando tem uma freqüência flutuante que depende das circunstâncias. Refletindo a verdade da condição humana, um personagem pode ser uma besta num momento, e herói no próximo. O ator, nesse caso, está lá para mostrar como somos normalmente arrebatados pela vida, invocando, em desamparo, uma quantidade confusa de energias e nos tornando reféns dos nossos próprios poderes.

Ao mesmo tempo, o ator demonstra, pelo ato de interpretar, a habilidade dos humanos para cessar, inconscientemente, a identificação com essas energias ao assumir o seu controle consciente. Isso dá esperança à humanidade, no sentido de ser capaz de despertar-se do sono hipnótico de visões compulsivas, de visões limitadas do seu mundo. Mais adiante, pode estabelecer os meios para responder às suas mais altas aspirações.

Em seu livro, *Between Theatre and Anthropology (Entre o Teatro e a Antropologia)*, o aclamado pesquisador de teatro e diretor Richard Schechner, diz:

> Poderíamos até mesmo dizer que há dois tipos de transportes: o voluntário e o involuntário, sendo que o personagem em ação pertence à primeira categoria e o transe à segunda. Tendo assistido, porém, ao transe – e tendo visto muitos filmes que descrevem esse estado –, suspeito que as diferenças entre os dois tipos de transporte foram excessivamente enfatizadas. O ator-personagem que está em ação (pelo menos se tiver tido um treinamento europeu ou americano ortodoxos), uma vez superaquecido e no fluxo das coisas, opera profundamente envolvido naquilo que Keats chamou de "capacidade negativa" e que concebi como o "não-Eu/não não-Eu". O ator-personagem em fluxo não é ele mesmo, mas não não é ele próprio ao mesmo tempo. Artistas de transe, igualmente, estão freqüentemente conscientes de suas ações mesmo quando estão praticando-as; e eles também se preparam, treinando e se aquecendo. A diferença entre esses tipos de desempenho pode ser mais a maneira de como etiquetá-lo ou emoldurá-lo, assim como as expectativas culturais do seu processo de desempenho[2].

Como um canto, um mantra ou um *koan*, as repetições, pelo ator, do texto escrito, bem como da voz e das posturas do personagem planejado durante o desenvolvimento no período de ensaios, opera nos circuitos telepáticos do cérebro. Num momento similar aos estados de meditação, o ator sente-se *em transição* ou tem *um clique*, e então o personagem parece estar completamente incorporado. Robert DeNiro e Meryl Streep são famosos por sua habilidade em plugar como se eles próprios fossem os personagens. Tudo isso é quase o mesmo processo do transe, cujos elementos-chave são o alinhamento das posturas exteriores e interiores, afinação com uma

---

2. *Idem*, p. 127.

perspectiva psicológica, adoção de novas sensibilidades rítmicas e o importante *salto da fé*.

Na improvisação espontânea, esse salto acontece primeiro, sendo que os atributos do personagem seguem o fluxo de suas necessidades e desejos nas situações que se desdobram e face às necessidades e desejos dos demais personagens em cena (muito parecido com a vida comum). Numa improvisação mais estruturada, o bom ator diverge do enredo apenas quanto estiver "quente" ou "conectado", e isso governará o fluxo da improvisação (tal como na vida durante as ocasiões em que os enredos nos são familiares). Em ambos os casos, o ator estará jogando com a troca-relâmpago de estados internos e manifestações exteriores, sintonizando-se com personagens que já tenham uma *persona em atividade*.

Esse processo é o mesmo pelo qual passamos diariamente. Porém, as nossas *personas* em atividade normal foram formadas através da socialização, da satisfação dos prazeres sensuais e da dependência em relação aos outros.

Qualquer situação na vida, em algum momento, estimula a máscara apropriada, automática e incontrolavelmente. O Eu real eventualmente reconhecerá a discrepância entre os seus desejos e a tirania das máscaras que o fazem sentir capturado. Este é o começo do desespero.

Buda declarou que uma das fontes primárias do desespero humano é a convicção de um Eu fixo que, de acordo com sua doutrina, na verdade não existe. Ele esperava ensinar aos demais a respeito do *ser que precede à construção dos egos* – o ser verdadeiro, que é transcendente para além das preocupações da personalidade.

Ele percebeu a personalidade como uma invocação múltipla das máscaras. Se assim for, nesse caso, quem é que estará usando as máscaras? Conforme o budismo, quem as usa é o Buda – todos nós somos Budas temporariamente hipnotizados pelo magnetismo das nossas máscaras.

Como na luta do fogo contra o fogo, o ator – cujo Eu essencial se dá conta desse dilema – pode efetuar a luta de máscaras contra máscaras. Ele pode, conscientemente, invocar as suas máscaras e ir cada vez mais fundo nesse processo até que não tenha mais nenhuma *persona* fixa.

Ao se colocar a caminho, a pessoa deve achar o mestre interior, aquele que está consciente das máscaras mutáveis. A fonte da verdade e a força para enfrentar a vida sem máscaras vêm desse mestre interior.

Uma maneira de começar a contactar o mestre interior é usar uma forma de canalização que chamo de *improvisação interior*. Alcançar o aspecto libertador do mestre é como descascar uma cebola. Deve-se experimentar tirar uma casca após outra, observando-se que o processo de descascamento não é muito agradável. Este exercício é projetado especificamente para atores, podendo ser especialmente útil para atores que já tiveram contato com um mestre espiritual.

No início, é uma experiência de forma livre. Sugiro criar um espaço de trabalho que evoque uma atmosfera especial. Ele poderia ser tão simples quanto uma sala clara ou colocar velas sobre uma mesa. Os dois funcionam. É fundamental que não seja solene. Trata-se apenas de um modo de significar clareza de objetivo.

Em seguida, coloque pela sala vários livros em disposições diversas que sejam inspiradoras para você. Coloque também alguns cadernos ao redor com canetas próximas a eles. Ponha algumas peças de vestuário especiais em vários lugares. Esses artigos de vestuário deveriam representar as qualidades "do mestre". E, finalmente, crie um trono ou um lugar de poder onde você possa sentar-se ou estar de pé, podendo falar a partir do fundo do seu coração.

Logo, tendo sido o espaço reservado por duas a três horas ininterruptas, e tendo também certeza de que não poderá ser ouvido por ninguém, comece a improvisar. Caminhe ao redor, falando alto no início e então comece a fazer a bola rolar. Apanhe um livro inspirador e leia-o, ao acaso, enfoques que digam respeito ao evento, mantendo os pensamentos fluindo na direção correta.

Lembre-se de ser brincalhão e seja tão ultrajante quanto quiser. Recorde também que está procurando o "mestre" no seu interior, o mesmo que *conhece*, por isso esteja seguro para *fazer as perguntas*. Quando uma resposta começar a vir, fique atento para saber de onde vem.

Tenha cuidado para não preconceber o personagem do mestre. Lembre-se de que um mestre não é inteiramente duro ou sempre do mesmo sexo. Experimente personagens de mestres que se mostrem exigentes, engraçados, provocativos ou até mesmo às vezes tolos. Deixe que muitas manifestações venham à superfície. Não censure nada!

Fora destas sessões espontâneas começarão a emergir um ou vários personagens que irão falar muito de um ponto muito profundo dentro de você. Às vezes eles o surpreenderão com a sua lucidez e perspicácia. E, muito freqüentemente, terão maneirismos incomuns e altamente sem igual. Quando você alcançar esta fase, comece a manter um gravador com muitas fitas virgens para usar. Então ligue o gravador e grave por horas, se necessário.

Para aqueles atores que estudam com um mestre-professor, é possível que, às vezes, eles possam imitar os seus maneirismos e voz, parecendo até que o professor está falando por você. Evidentemente, o que acontece é que tais manifestações destrancaram o seu mestre interior para você, representado pelo mestre-professor.

Como sempre, descobrir aquilo que você sabe traz à luz o que você ainda não sabe. O mestre interior pode ajudar a clarear intenções e, com sua nova visão, você chega àquilo que precisa ser aprendido, ajudando a formular uma verdadeira meta. Com isso, quero dizer: formular um plano daquilo que precisa ser feito a fim de se descobrir o que permanece desconhecido. Logo, uma vez que o plano esteja claro, uma promessa pessoal (um profundo voto irrompível) será feito para levar a cabo o projeto para benefício de todos os seres sensíveis. Possuir uma meta vai galvanizar os recursos de sua alma e aumentará grandemente as suas chances de evoluir nesta vida.

Incluí uma cópia editada de uma de minhas sessões de improvisação interior para exemplificar como ela funciona e o valor que poderia ganhar. Como verá, esta sessão saiu em formato de diálogo clássico: perguntas e respostas. Outros formatos, porém, provaram ser igualmente efetivos e úteis.

Neste, desempenhei o personagem do aluno do meu mestre interior.

Muito pouco foi mudado da gravação original. Esta troca de idéias, em particular, aconteceu altas horas da noite, sendo que a sessão durou três horas.

O MESTRE INTERIOR

Aluno: Mestre, nem sei por onde começar isto. . . Sei que o tempo é essencial e, mesmo assim, estou cheio de perguntas. Com as limitações de tempo, eu. . .
Mestre: Não vacile com conversas sobre o tempo. Quais são as próximas perguntas?
Aluno: Ok, até onde sei, tenho lutado com os aspectos duais do meu caminho, sobrevivência artística e compreensão espiritual.
Mestre: Sim, e daí? Existe dualidade dentro de cada dualidade.
Aluno: Assim, sim, bem. . . Minhas perguntas são, na verdade, uma tentativa de criar um objetivo, sabe? Algum objetivo real para minha vida que me ajude a seguir sem distrações inúteis.
Mestre: Ok, vou dar isso por certo. E então?
Aluno: Bem, no trabalho. . . Um. . . despertamento, de. . . Bom, em quase todas as práticas espirituais profundas, o pesquisador é guiado rumo ao desapego e à imparcialidade. Como é que um homem pode ser artista e ser imparcial?
Mestre (riso): Sabia que iria me perguntar isso. Está respondendo, de fato, ao seu próprio medo e desconfia da máquina do sucesso. Isso é bom. O sucesso e a fama podem funcionar apenas no sentido de mantê-lo adormecido. Você deseja despertar, não é? Ou quer viver a sua vida adormecido, saltando daqui para lá, da direita para a esquerda, sem tomar nenhuma decisão, não possuindo a verdadeira felicidade; sempre procurando, agarrando, faminto por dinheiro? Deseja viver como uma máquina? Entre na fábrica do sucesso, então. '*Cê num pode caí pra dentro. . .*

pra dentro, olha pra mim agora, io vô fazê uno feio accento italiano. Num bão!* Em qualquer tipo de arte há sempre a melhor maneira. Você acha que a mentalização do zen se aplica somente a flores e flechas? Aplica-se a tudo. Está na massagem, nas artes marciais, pintura, poesia, música, teatro etc., etc. Está em ouvir. Está em cada momento que se desdobra. Está contida no momento. Como é que você pode estar no momento se está se projetando para outro lugar? Está tendo uma conversação chá-chá-chá consigo mesmo, brigando dentro de sua mente: "Eu deveria fazer isto?" "Deveria fazer aquilo?" "Esta é a minha vida real?" "E qual é a minha vida real?" "O que significa este sonho?" "Este livro?" "Isto, aquilo e aquilo outro?" Tagarelice! E, não obstante, você não se faz a verdadeira pergunta. Então você vem e quer respostas? O que você sente é a necessidade de falar ao seu verdadeiro Eu.

Aluno: Sim, tudo isso é verdade. E sinto também a necessidade de falar com os outros. Fiz algumas descobertas. Tenho trabalhado. Não estive totalmente adormecido. Penso muitas vezes numa cena daquele filme *One Flew Over the Cuckoo's Nest (Um Estranho no Ninho)*, quando Jack Nicholson vai para a pia e tenta, com toda sua força, arrancá-la do chão para quebrar a janela com ela e se libertar. Todo mundo na cela fica parado, encarando-o. Fui tocado genuinamente por essa cena pois enxerguei tal momento como uma metáfora para outros tantos momentos, tanto da minha vida, quanto da vida de todo mundo. Pensei sobre os tipos de teatro e de entretenimento que normalmente são oferecidos, e tudo me pareceu revestir-se de enorme alienação. É como se, de alguma forma, fosse constrangido a aceitar apenas aquilo que é linear, o racional. É como se os nossos sonhos, nossos momentos extáticos fossem reduzidos a tabus. Principalmente na América, sinto que não existe platéia para assistir a atos conscientes ou a rituais artísticos.

Mestre: Sim, isso em parte é verdade. E não somente na América. A arte possui muitos níveis de criação e de consumo. O artista também se apóia na digestão. Na sua digestão. Onde estão os artistas da platéia – as platéias artísticas que sabem digerir aquilo que lhes for servido?

Aluno: E isso me traz a outra pergunta, a educação.

Mestre: O que, outra pergunta!? Quero dizer, esperava alguma coisa real e, de repente, você me explode com perguntas. O que você quer de mim quer falar sobre educação? O que é isso?

Aluno: Bem, a maior parte da educação pula para fora dos reais temas, como nascimento, morte, consciência e assim sucessi-

---

*. Jocosamente, o Mestre fala com uma linguagem italianada. (N. da T.)

vamente. Recentemente estive ensinando no mundo acadêmico e, às vezes, sinto-me estranho. Não sei. Eu me imagino perguntando: "Está certo ser pesquisador e professor ao mesmo tempo?"

Mestre: Você não pode causar nenhum prejuízo real. A menos que comece a assumir papéis de poder. Aprenda a lacrar o espaço, a como proteger o espaço para que o aluno possa aprender; a como acompanhar o aluno; a como inspirar lealdade – não para com você, mas para com a sua arte. Aprenda a construir a verdadeira inspiração. Aprenda a acender o fogo da aprendizagem e a como consertar o corpo. Mais importante: use o desafio para observar a si próprio.

Aluno: Sim, às vezes eu encobri o observador, e então soube o quão forte isso pode ser. Principalmente nos tempos de estresse. Mas acho esse processo muito difícil de ser usado em casa. Minha esposa e eu somos parceiros no trabalho. Praticamos numerosas meditações, fazemos Tai-Chi, nos mantemos alertas um em relação ao outro quanto a movimentos e revelações interiores. Porém, o que deveríamos fazer com relação à distorção entre papel e raiva... sabe, o típico efeito gangorra?

Mestre: Gangorra? O que quer dizer gangorra?

Aluno: É um brinquedo de *playground*. Quando um lado sobe, o outro desce, e vice-versa.

Mestre: Ah, sim, conheço esse brinquedo. Bem, o sobe-desce não deve se tornar um ladrão de energias. É um truque sutil da máquina do sono. Se um parceiro tem raiva, o outro tem que se esforçar por entender. Tente calçar os sapatos do outro; ter compaixão do sofrimento dele.

Aluno: Sim, mas e se isso soar irreal... Quero dizer, pode ser real para ela ou para mim, às vezes, mas acontece que o outro poderia reconhecer isso por meio de uma resposta condicionada.

Mestre: Abra o seu coração... Ouça. Permita que o organismo vibre em harmonia com aquele outro organismo. Não danificar a essência, mas apenas escutar. Sendo assim, não deve ocorrer uma identificação com a emoção. Mesmo nesse caso você não deverá permanecer frio ou distante. Muita separação, no início, configura-se em agir de forma desinteligente até que a relação esteja em outro nível.

Aluno: E sobre o planejamento... Quero dizer, o aspecto do planejamento, onde viver, trabalhar, crescer etc., me causou uma constante distração. Deve-se planejar ou deixar um pouco o momento espontâneo tomar as rédeas?

Mestre: Sim.

Aluno: Eu vejo, eu penso.

Mestre: E, portanto, você é?

Aluno: Exato. Descartes na frente do cavalo*. Sinto muito por este último salto literário. Eu vou continuar...

Mestre: Não, pode continuar com os seus saltos literários. Você quer saltar literariamente... Literalmente, com as suas traduções literárias e literais, e então com a sua litania você é literário, continue!

Aluno: Ok, vou divagar um pouco por aqui...

Mestre: Jóia! Divague se quiser, como o aéreo Sr. Rambo divagando. Pode despejar os seus pensamentos, um de cada vez, pessoa abaixo. Pode entrar na sua própria guerra dentro de sua própria cabeça. Deixe-os cair fora; do lixo de dentro para o lixo de fora.

Aluno: Ok, tão logo eu consiga abordar a situação...

Mestre: É importante para você abordar... situações, não é? Abordar! Vocês, americanos, estão sempre se agarrando a coisas. Vá em frente, ponha para fora.

Aluno: Ok, somos almas magneticamente assimiladas por esta dimensão, como parte de algum processo desconhecido. Digo magneticamente porque a maior parte da essência do nosso ser, a maior parte da nossa consciência, é eletromagnética, lampejos sinápticos de padrões químicos...

Mestre: Magnetismo eu entendo – você pensa que está falando com quem? Continue, continue!

Aluno: Certo. Ok, certos aspectos do processo humano apontam para a evolução, para uma humanidade reformada; para uma reunião com o criador. Parece que em todas as tradições espirituais, sejam elas monoteístas, panteísticas...

Mestre: O *é* confunde você? Você bate nas pessoas com essa vara do é?** Oh, desculpe, você está esperando por mim agora, não é? Vá em frente, continue! Isto é divertido!

Aluno: Pois não. Portanto, os processos humanos apontam para a evolução, para um aspecto reformado da humanidade...

---

*. Refere-se à posição de Descartes com relação ao método da "dúvida cartesiana": procurando uma base firme para sua filosofia, o filósofo resolve duvidar de tudo aquilo que seja possível duvidar. Nesse processo, lança dúvidas em relação aos sentidos. Referindo-se aos sonhos, alega que pode-se sonhar que se está aqui, neste lugar, embora de fato se esteja na cama. Porém os sonhos, como no caso da pintura, nos apresentam cópias das coisas reais, pelo menos quanto àquilo que se refere aos seus elementos. (Pode-se sonhar com um cavalo alado, mas somente porque já vimos cavalos e asas). Assim sendo, a natureza corpórea, em geral, que implica coisas como extensão, magnitude e número, é menos fácil de ser posta em dúvida do que as crenças relativas a coisas particulares. A geometria e a aritmética não se ocupam de coisas particulares e são, portanto, mais exatas do que a física ou a astronomia; são verdadeiras mesmo no caso dos objetos sonhados, os quais não diferem dos reais no que se refere a número e extensão. (N. da T.)

**. Trocadilho intraduzível: *stick* significa, ao mesmo tempo, vara e confundir. No original: "The *is* stick? Do you hit people with this stick of is?". (N. da T.)

Mestre: E para a reunião com o criador. Sim, siga com isso. Vá, vá, vá!
A (agitado): Um... Certo... Há três aspectos básicos da esfera humana, quer dizer, claro, a vida orgânica, mais um aspecto em operação que se mistura com uma mescla de ciclo de criação/destruição ativa que...
Mestre: Um ato de criação? Só Deus faz atos de criação. Você não cria a si próprio, a menos que seja Deus. Você é, e pronto. Você simplesmente é. É uma bênção. Você está aqui e, daí, não está aqui. Você vai de uma sala para outra, mas o que faz nesta sala é importante, e tem que terminar esta sala antes de ir para a próxima. Logo, deve estar aqui nesta sala, não é?
Aluno: Certo.
Mestre: Certo.
Aluno: Estou tentando estar nesta sala. São exatamente os pensamentos...
Mestre: Sim, sei, os pensamentos, as teologias, o *é* apunhala, os pontos. Você está tendo pontos e eles estão nadando na sua mente. E você tem que reuni-los num ponto grande. E aí você será um ponto grande... E o que é que você acha de *panta*? (risos)* Continue, continue. Pode falar! Isto é divertido!
Aluno: Parece haver no organismo uma presença que observa. E, de acordo com a maioria dos ensinamentos, tem apenas três atributos: presença, enfoque da atenção e adoração. Normalmente, tais atributos vagam indecisos, sendo varridos pelo carnaval das sensações. Quando separada, porém, a consciência pode desmagnetizar-se e se auto-remover do redemoinho orgânico, podendo prevenir-se contra o envolvimento hipnótico nas emoções. Pode viver imediatamente em várias dimensões. E isso me leva de volta à minha reclamação anterior sobre os aspectos unidimensionais da maior parte das artes performáticas contemporâneas...
Mestre: Cuidado, você está pregando novamente. Vá direto ao ponto. Vamos, vamos.
Aluno: Certo, há a adoração, a presença, o foco da atenção, e isso tende a crescer... Daí, desenvolve-se em outras dimensões. Nesse caso, estão sujeitos a outras leis. Quando o iniciado consegue operar em ambos os mundos, então ele ou ela pode trabalhar no sentido de permanecer no mundo imediato ou voltar e guiar outros pelo rio. A oportunidade para fazer tal coisa depende da superação de uma corrente muito poderosa. Muitos são traga-

---

* Trocadilho intraduzível: *dot* (ponto) é tomado, foneticamente, por *thought*, e também foneticamente, *Dat* é deturpação de *that*. No original: "Yes, I know, the thoughts, the theologies, the is stick, the dots. You're having dots and they are swimming in your mind. And you need to pull them together into one big dot. Then you'll be a big dot... how about dat?" (N. da T.)

dos, para renascerem em circunstâncias formadas unicamente pelos hábitos acumulados; muitas vezes chafurdando no sono por muitas vidas, inadvertidos de que há um rio, uma corrente que pode ser atravessada.

Mestre: Minha bunda dói... É demais para uma noite.

Aluno: Não, espere, por favor. Só mais algumas perguntas.

Mestre: Bem, vamos mudar um pouco de posição – alongamento. Comece logo, outra vez, caso tenha realmente uma pergunta, hummmm? (Após pequena pausa). Agora vamos continuar com essas interessantes abordagens e assim chamadas perguntas.

Aluno: Ok. Como ator, adquiro muita retro-alimentação positiva e posso sentir os momentos em que estou conectado... Mas boa parte disso me faz sentir tão absurdo, tão inútil, e até mesmo contraproducente. Devo assumir que a atuação realmente não faz parte do caminho espiritual?

Mestre: Tenha cuidado com suposições. Você diz que se sente inútil. Bem, o que é mais inútil do que uma escultura bonita ou uma pintura? Ou um poema? Contraproducente? Bem, é possível. Primeiro, existem muitos caminhos; você tem que aprender a absorver a informação que possui e separar isso do conhecimento. O que é que você *sabe*?

Aluno: Bom, sei que há muita coisa que não sei.

Mestre: Bom! Já é um começo. Você pode dizer: "Não sei isto" e, assim, pode começar a formular aquilo que realmente *sabe*. O que mais?

Aluno: Bom, conheço muito bem o meu corpo. Por exemplo, posso alcançar uma calma profunda se concentrar a minha mente ou meditar.

Mestre: Sim, e...?

Aluno: E o movimento do Chi, ou prana... Bem, quando me afino com o fluxo, trata-se de um sentimento morno e reconfortante. Sei que existem esses momentos... Como quando estou atuando e retrato alguém: o momento torna-se elástico e completamente para além do pensamento. Tive experiências semelhantes enquanto estava aprendendo um determinado novo exercício. Tive também raros despertamentos em sonho, quando ele se torna lúcido e o seu conteúdo me deixa uma profunda ressonância.

Mestre: Ok, isso é bom. Vamos parar por aqui. Você tem uma revelação em sonho. O que sabe sobre a energia do sonho?

Aluno: Bem, reconheço a diferença entre um sonho no qual estou observando e outro, no qual de fato estou lá, completamente envolvido; inclusive no sentido de manipular o sonho. Uma vez, vi a minha mão num sonho, e isso proporcionou uma surpreendente energia para o meu corpo.

Mestre: Isso é tudo? É tudo que sabe sobre sonhar?

Aluno: Lembro-me de imagens daquilo que chamo de minhas *mensagens oníricas*. Uma, em particular, influenciou desde então a minha busca.
Mestre: Aha! E se você continuar buscando, haverá ainda necessidade dos sonhos? Você deveria renunciar a isso?
Aluno: Bem, isso me apontou um caminho que parecia ir de. . .
Mestre: Daqui para lá, de lá para cá, daqui para cá. Onde quer que esteja, deve pelo menos estar aqui. Você está aqui?
Aluno: Sim.
Mestre: Tem certeza?
Aluno: Sim!
Mestre: Sim? Bom, então prove isso.
Aluno: Estou falando com você.
Mestre: Você possivelmente pode não estar de forma integral se está aqui, de fato, falando. O que mais?
Aluno: Não sei. . . É a única prova que tenho.
Mestre: Isso me deixa um pouco triste. (silêncio) Logo, quando você obtém a sua informação por meio dos sonhos, ou de mim, ou de onde quer que. . . De que forma isso chega a você? De que forma altera o seu conhecimento?
Aluno: Bem, normalmente de forma teatral.
Mestre: Conseqüentemente, esta é a forma em que estamos, não é?
Aluno: Sim, exatamente.
Mestre: Hummmmmm. Desse modo, você conheceu um triângulo de mestres. Você freqüentou uma escola. A mariposa tocou a chama[*]. Você lê muitos livros básicos, utiliza técnicas, arrisca-se a mudar. . . Isso é bom. Mas você tem que crescer na direção da luz. Tal como uma planta virada para a janela, crescendo, crescendo nessa direção. . . Mas alguém precisa vir, de vez em quando, a fim de virar a planta; caso contrário, ela ficará desequilibrada, deformada. . . unilateralmente.
A: (pausa) Acho que tenho o suficiente para digerir hoje.
Mestre: Não, vamos continuar. A sua bunda dói. Vamos lá, mais um ponto. Um. . . O que foi?
Aluno: Poderia ser. . . Voltar para a sua arte? Pois tudo que preciso saber, realmente, está na minha arte? Sim. . . Eu. . . Bem, droga, o que é a minha arte?
Mestre: Estou vendo. Você tem muitos talentos, muitos interesses. Não sabe quais interesses deve seguir. Se você é um artista, o que é que norteia o seu interesse artístico?
Aluno: A forma de expressão?

---

[*]. Referência ao livro de John Roberts e Carol Lyons: *The Moth Comes to the Flame* (*A Mariposa Procura pela Luz*), vol. 2. *Conversations Between Seeker and Sage* (*Conversações entre o Buscador e o Sábio*), Roaring Lion Publ. Co. (N. da T.)

Mestre: E. . .?
Aluno: E a busca interior.
Mestre: O que é um artista, então?
Aluno: Alguém que, de algum modo, se conecta com as forças interiores e tenta reconciliá-las com este mundo por meio das formas de expressão?
Mestre: Você está me perguntando?
Aluno: Mas é que me intrometo em tantas coisas! Sinto-me como se fosse uma criança deixada solta numa loja de brinquedos. Quero pintar, atuar, escrever, meditar, fazer mímica, fotografar, fazer tanta coisa.
Mestre: Sim, isto é a América, e você tem a liberdade de fazer tais coisas. Às vezes torna-se uma confusão. Coisas demais. Porém, há alegria nesse dilema, não é? Nesse caso, por que a confusão?
Aluno: Sinto necessidade de ter um objetivo. De ter uma coisa – uma única, simples coisa.
Mestre: Por que não poderia ser feliz sentindo-se como um homem do Renascimento? Fazer muitas coisas? Faça-as bem e preste-lhes a sua total atenção. Tem que fazer truques como o bobo; um bobo criativo. . . como o louco das cartas do Tarô. Você o conhece? O que significa essa imagem?
Aluno: Bem, é um personagem cômico à beira do precipício, e existe lá um cão latindo nos seus calcanhares.
Mestre: Sim, e consigo ele traz uma maleta – para objetos miúdos. Essenciais. Ele está com a cabeça voltada para cima e se arrisca a cair da beira do precipício. Mas pelo menos ele caminha até a beira! Ele se dirige para aquela linha. Quem sabe você, eventualmente, tenha que fazer o mesmo. Tem que achar o seu próprio modo ímpar de andar para a beirada enquanto se move pelo mundo. Isso não pode emergir enquanto você estiver tentando agradar mamãe, papai ou o sistema. Você precisa ter coragem para. . .
Aluno: Eu sei, viver sem respostas.
Mestre: Trabalhar sem elas! Não mergulhando nas camadas do *status* social, mas por meio da busca no seu trabalho, no seu silêncio, na sua música interior, na sua consciência.
Aluno: O que dizer sobre a compaixão?
Mestre: O que quer saber sobre isso?
Aluno: Bem, para falar honestamente, fico tão enrolado a meu respeito: eu me torno um pequeno e insular embrulho. Ultimamente suspeito que não possuo a verdadeira compaixão.
Mestre: Pode ser verdade. Porém, é melhor que seja verdade do que possuir falso amor. No entanto, se não tivesse nenhuma compaixão, por que você a inventaria – por que você a criaria?
Aluno: Bem, quero ter compaixão; amar.

Mestre: Ou ser amado? São essas as suas seduções? Você quer seduzir o amor do seu jeito?

Aluno: Bem, sim. . . Uma espécie de.

Mestre: E o que você quer desse amor?

Aluno: Não sei. Realmente não sei. Suponho que uma *casa*. Imagino que estou esperando encontrar uma casa.

Mestre: E com que se parece essa casa, como a sente?

Aluno: Vejo-me tendo uma casa do tipo eremitério, retirada na natureza, com. . .

Mestre: Como é o sentimento? Não estou preocupado com as habilidades de carpintaria da sua cabeça. Qual é o sentimento?

Aluno: Calor. Alegria no meu coração. Proximidade com os outros. Uma sensação de progresso ao longo do caminho; de ser capaz de medir o progresso.

Mestre: Bom. Mas isso é muito mais o seu ego falando também, você entende. Quer ser visto como santo, como fervoroso. É isso que você está projetando. O impulso está dentro do seu mais profundo desejo por liberdade. Tente não romantizar a sua vida. Continue tentando manter-se alicerçado na realidade.

Aluno: Sabe, acho que tenho um sério problema com a realidade. Quero dizer, há tantas realidades com que lidar. E daí o medo brota em. . . Tenho medo dessas manifestações violentas ou vulgares, tanto em mim quanto nos outros. Às vezes, vejo-me propenso a ficar mal-humorado e rabugento sem nenhuma razão aparente. É estúpido.

Mestre: Tenha cuidado para não usar a sua crítica como outra modalidade de auto-obsessão. Você fala, igualmente, da compaixão ou amor – não deve limitar os termos com definições. Quais são as experiências de amor que você tem em meio à sua realidade atual?

Aluno: Bom, amo a minha esposa, mas. . .

Mestre: Mas, o quê? O que é amor?

Aluno: É uma espécie de mistério profundo, respeito. Quero dizer, quando sinto a nossa conexão, ou até mesmo em momentos de distância, é em parte desses momentos que percebo estar o universo realmente vivo. Às vezes gelo com medo de tais momentos. Sentir de repente, não ter nenhum pensamento, mas *sentir* que estou num planeta que gira num vasto universo de estrelas, e que eu sou um recipiente relativamente frágil; um receptáculo composto por recipientes menores, feitos de outros ainda menores, e assim sem parar. Nesses raros momentos. . . É duro explicar. . . Sinto realmente um pouco de profunda vergonha.

Mestre: Sim, talvez você deveria. Mas não se preocupe. Você tem que celebrar essa vergonha. É uma substância preciosa. Deixe-a conduzi-lo para ter mais e mais consciência. Tal processo poderia abrir-lhe o verdadeiro significado do amor. Ouça, estamos vivendo um tempo de mudanças muito rápidas. A consciência está evoluindo rapidamente e muitas mudanças estão sendo armazenadas. Na medida em que crescemos, há outras tantas avenidas de consciência interior que nos são abertas – lutando para atrair a nossa atenção. Não se deixe atropelar pela confusão. Enfrentar e transcender essa confusão é o principal trabalho do artista; não somente para o seu próprio benefício, mas para o benefício de todos. Transmita a simples mensagem do coração. Nenhuma separação mais. O amor é a energia que guia o artista; convide outros para participarem da milagrosa jornada do mundo nos assuntos espirituais – caso tais assuntos sejam importantes para você. E se o são, isso significa que há trabalho a ser feito, não é? É o suficiente no momento.

E. J. Gold, *The Matador's Woman*, bico de pena, 28 x 38 cm, Arches, 1987.

15. Exercícios Práticos

Os exercícios seguintes podem ser úteis se experimentados em paralelo com as facetas do trabalho espiritual e do treinamento do ator. Eles devem ser conduzidos com despreocupada simplicidade. Com exceção do exercício "Retrospectiva de Vida", que é privado, deveriam ser feitos por grupos de cinco ou mais pessoas.

É importante seguir cada um desses exercícios por meio de uma *sessão de assimilação* informal e de não-julgamento. Durante a sessão, cada participante deverá ter a oportunidade de expressar verbalmente, para todo o grupo, suas experiências subjetivas referente aos exercícios. Ter a oportunidade de falar sobre a própria experiência ajuda a solidificar aquelas mudanças que possam ter acontecido e que possam trazer à luz certos aspectos eventualmente comuns a todo mundo.

Lembre-se de ter em mente o foco de atuação de cada evento e assegure-se de incluir essa perspectiva durante a sessão de assimilação. Esses exercícios devem ser tratados, na verdade, como *eventos*, já que possuem o potencial de despertar profundamente e alterar as perspectivas de vida de um ou de todos os participantes.

Não é aconselhável tentar mais do que um desses eventos entre períodos de 48 horas cada. Eles necessitam de tempo para reverberar no ser e assumir um lugar no corpo de cada pessoa que participe da experiência.

Igualmente, só devem ser feitos num espaço fechado, limpo; livre de desordens e interrupções. Comece sempre com o grupo aquecido, o que revigora e prepara para a respiração, o corpo e a voz.

Alguns exercícios são úteis por proporcionarem descobertas para além do individual. Muitas vezes, pode surgir uma avaliação nova entre os parceiros do grupo, resultando num espírito de conjunto mais autêntico. É por isso que alguns exercícios são aplicáveis mais diretamente ao processo de ensaio do que outros.

Acima de tudo, devem ser feitos com suavidade, sem qualquer pressão para se chegar a um resultado predeterminado. Deixe-os desdobrarem-se naturalmente e de acordo com a química do grupo. Precavenha-se contra participantes que queiram usar o evento para levar o grupo para suas próprias manipulações pessoais com vistas a chamar atenção. Deixe claro para todo mundo, antes de começar, de que se trata de um exercício de *grupo* e que os participantes devem deixar sua bagagem pessoal fora do espaço de trabalho.

Deve ser observado que o uso formal, e por conseguinte o resultado de tais exercícios, são de completa responsabilidade do líder e dos participantes. Faça bom uso dos mesmos e eles se desdobrarão a fim de revelar camadas cada vez mais profundas da verdade.

OLHOS DE CRIANÇA

O líder pode participar deste exercício contanto que alguém controle o tempo. Destine uma meia hora completa para o evento. É melhor se feito em silêncio. Devido à natureza da interação, é muito útil para "unir" o grupo, especialmente antes de um ensaio de atuação.

Para começar, peça a todos que fiquem de pé numa postura relaxada e gentilmente batam na sua barriga "relaxada". Use a imagem da "barriga de dois anos de idade", aberta e desprotegida. Peça, então, a todos que massageiem as próprias barrigas no sentido dos ponteiros do relógio com a palma de sua mão esquerda apertada na barriga e com a mão direita por cima da esquerda. (Neste caso, no sentido dos ponteiros do relógio significa que, se você olhar para baixo na direção da sua própria barriga, o 12 estará justamente debaixo do umbigo, enquanto que o seis estará exatamente abaixo do osso esterno). Mantenha todos suspirando por muito tempo com respirações fáceis para soltar a barriga.

É possível que ocorram algumas reações de descompressão, como risadinhas ou bocejos; isso é ótimo no começo. Depois, na medida em que todos continuem a relaxar, suas faces devem abrir-se e ficar livres de expressões, com as pessoas entrando em contato com a sua mente singela de dois anos de idade. Quando isso começar a acontecer, todos devem olhar de modo simples ao redor da sala para desfrutar cores e texturas.

A seguir, devemos começar a caminhar com um andar simples e fácil, tentando não "parecer" um bebê caminhando, mas apenas andar. Gradualmente, devem se encontrar uns com os outros e a olhar nos olhos uns dos outros. Quando isso começar a ocorrer, é importante que o líder desempenhe um pouco como treinador-assistente.

Calmamente, o líder deverá relembrar para que mantenham suas barrigas soltas e relaxadas; caso percebam qualquer tensão formigando, devem usar essa constatação para fazer com que isso seja eliminado. O líder deve pedir para que mantenham seus pensamentos abertos e relaxados, dizendo: "Olhem para esses olhos que estão vendo e, com curiosidade simples de criança, perguntem: 'Quem está aí?"

O líder pode passar alguns minutos recordando suavemente aos participantes que abandonem a sua armadura e reduzam a velocidade com que, às vezes, o grupo tende a apressar o contato de olhos. Após algum tempo, o líder pode reunir o grupo.

Paulatinamente, o grupo chegará de modo muito sereno, e ainda assim poderosamente, a um estado de conexão. Os participantes deveriam tentar passar três minutos, pelo menos, no contato de olhos ininterrupto (ou mais, se necessário). Se for um grupo grande, o evento pode chegar a 45 minutos.

Geralmente, a regra é tentar obter um bom contato entre todos no grupo. É claro que, num grupo maior de dez ou mais, isso não é prático. Caso seja permitido demorar muito, os olhos poderão ficar cansados e a mente ficará agitada, desfazendo aquilo que tinha sido atingido.

Quebre o silêncio com alguns suspiros sonoros e deixe todo mundo relaxar por um momento e descansar os olhos. Após alguns instantes, sente-se e revise um pouco as experiências. Se for feito várias vezes com um elenco, no entanto, a conversa posterior torna-se desnecessária.

ESTIMULE-SE ATÉ CAIR NA RISADA

Este exercício é um grande aquecimento e um super-eliminador de inibição. O líder deve colocar-se fora da arena de trabalho funcionando como um treinador-assistente avançado.

No princípio, o líder comanda o grupo para que este se auto-estimule até que possam rir genuinamente. O grupo inevitavelmente iniciará fora de controle, e um riso imenso, muito selvagem, será ouvido. Depois de um momento ou dois, o líder deverá parar todo mundo e recordar que os movimentos não precisam ser enormes; de fato, minúsculos movimentos podem, da mesma maneira, evocar o riso. Cada um deverá lembrar-se de momentos particulares em suas vidas quando se pegaram fazendo algo absurdo ou tolo. Logo, com um comando rápido, deverão recomeçar o exercício.

Desta vez, o líder deve gritar um pouco por cima de todo barulho das risadas, recordando-lhes para se estimularem até que consigam um riso *genuíno*. O líder deve encorajar o grupo com algo como:

"Sim, é isso!" e "Corram atrás, vamos!", bem como quaisquer outras frases que impulsionem a habilidade do grupo para continuar.

Normalmente, haverá um instante de auge, quando então muitos risos autênticos serão ouvidos. Certamente, os movimentos serão incomuns e muito hilariantes. Este é um grande exercício com vistas a preparar o grupo para a caracterização e para invocar o gracioso espírito cômico de que precisam antes da representação de uma comédia.

Em breve, o riso começará a soar novamente desajeitado e, neste ponto, o exercício terminou.

VIAJANDO NO TEMPO

Este é um dos vários "exercícios do umbral", que usei para ajudar atores a terem acesso ao seu *centro da vontade*. Ele é muito exigente e deverá ser feito com extrema seriedade e cuidado.

Este exercício requer música. Freqüentemente, uso música melódica de harpa muito lenta para proporcionar à sala um ambiente agradável. Os participantes devem estar vestidos confortável e calorosamente, sem nenhuma jóia ou badulaques nos bolsos. Uma roupa de moletom ou um traje de dança seriam os ideais. Sugiro também que todos estejam descalços.

O líder *não participa* deste evento. Na verdade, é útil ter um assistente, especialmente se o grupo for grande (dez ou mais).

O evento deve ocorrer numa sala seca e espaçosa, preferivelmente com chão de madeira. Superfícies de concreto ou acarpetadas são difíceis para este evento e deveriam ser evitadas, se possível. A sala deve estar com uma temperatura confortável e com ventilação adequada.

Para começar, após um curto aquecimento, todos devem deitar-se sobre o assoalho de costas, deixando um amplo espaço entre cada participante. Mantenha a música tocando sempre. E recorde a todos que devem ir ao sanitário antes de começarem. Não há nada mais frustrante do que fazer o exercício com a bexiga cheia. O líder deve, a seguir, pedir ao grupo para fazer algumas respirações profundas, acalmando o sistema e enfocando a mente.

Muito embora as explicações tenham sido dadas anteriormente, o líder deve reiterar, mais uma vez, aquilo que estão a ponto de fazer: peça-lhes que fiquem na posição deitados de costas e, depois, inclinando-se, ir para a posição de pé de uma maneira *lenta e contínua*. Este lento significa extremamente lento – o mais lento possível que possam conseguir! Deveria levar duas horas para ficarem completamente de pé.

É importante enfatizar para o grupo que os seus movimentos devem ser contínuos, fluentes e lentos. Até mesmo os seus olhos, língua e movimentos faciais devem ser extremamente lentos.

Se acontecer – e freqüentemente acontece – de eles acharem que estão numa posição enroscada, terão que resolver o problema por meio do mesmo movimento lento.

Para tornar isso mais fácil, numa ocasião demonstrei uma trajetória simples que os livrou de muitas etapas. Da posição inclinada, primeiro roda-se a cabeça para um lado, então o braço oposto encontra-se com o tórax, e o joelho oposto ergue-se e cruza, colocando-o efetivamente de lado. Daí, deve-se lutar para livrar o braço que ficou debaixo da pessoa. Em seguida, a pessoa manobra a si própria em todos os quatro pontos, separando os pés e, lentamente, rolando de volta para a posição agachada. Então, com a sua cabeça inclinada, erguem-se as nádegas e endireitam-se as pernas, e eventualmente enrola-se sobre a espinha.

É diferente para cada um. Cada qual encontrará, inevitavelmente, variações pessoais dessa trajetória, porém acabará prevalecendo ao menos um padrão a seguir, caso os participantes entrem numa superfita. Falando de enroscos, de vez em quando alguém deixará o seu corpo numa posição verdadeiramente estranha devido à sua colocação – seja porque uma camisa ficou obstruindo a boca, seja o que for –, e então ele ou ela precisará de ajuda. O líder e o assistente deverão se manter alertas para tais situações e oferecerem apenas a ajuda necessária para que a pessoa volte novamente aos trilhos. Lembre-se, há muito para ser aprendido por meio dos obstáculos encontrados nesta lenta jornada; assim, não se sinta obrigado a salvá-los deles mesmos.

Embora às vezes exaustivo, o exercício também está repleto de aspectos surpreendentes e muito recompensadores. Para citar um, os participantes se vêem cara a cara com o seu diabinho, que lhes diz: "Eia, vá em frente, você pode trapacear um pouco aqui – ninguém vai notar!"; e até mais importante: eles se verão face a face com o centro da vontade, o que exigirá precisão e um esforço de trabalho honesto.

Há também um nível psíquico no evento. O movimento lento parece colocar a mente em órbita. Recordações, sonhos, vozes e todo tipo de fenômenos mentais começarão a se desdobrar, criando uma luta adicional para os participantes, trabalhando para que mantenham sua intenção de ficar de pé no mesmo passo lento e contínuo. Vai ajudar se o líder disser algumas das seguintes frases, lenta e suavemente, a cada dez minutos mais ou menos:

"Resistam à tentação de fazer muito rápido!"

"Sejam lentos, vocês têm todo o tempo do mundo!"

"Mantenham o seu foco aqui nesta sala – acompanhando a partir desta posição para a posição de pé!"

"Caso tenham se enroscado, retornem no mesmo passo lento e tentem encontrar outra saída!"

"Não esqueçam de respirar!"

Antes de começar, certifique-se de que nenhum dos participantes está sofrendo qualquer dano ou enfermidade. Diabéticos ou mesmo diabéticos-limítrofes não devem fazer este exercício.

O líder também é o cronometrador e deve informar ao grupo quando tiver cumprido 1/4, 1/2, 3/4 e ao se aproximar da marca de duas horas marcadas. É claro que todo mundo não tem que terminar em duas horas. Alguns terminarão mais cedo, outros mais tarde. Sublinhe para o grupo, porém, que devem fazer isto pelo menos na marca dos 3/4.

Assim que chegarem à posição de pé e quando a sua cabeça estiver erguida, o líder ou o assistente devem sussurrar para darem alguns passos e então, gradualmente, devem achar uma cadeira e se sentar. O assistente deve ter à disposição alguns copos de água e lenços de papel para todo mundo que estiver se liberando emocionalmente. Há ocasiões em que um dos participantes precisa de lenços de papel durante o trabalho, e como líder sempre tenho à mão lenços de papel para o nariz e faço as honras sem muito estardalhaço.

Os efeitos do evento do tempo móvel variam amplamente. Alguns participantes estouram em lágrimas, outros sentem uma paz profunda, outros ainda sentem-se poderosos, como se pudessem correr uma maratona – e outros ficam simplesmente abobados. Porém, todos adquirem uma nova consciência de si e uma renovada confiança nas suas habilidades.

Eles também irão experimentar, sem dúvida, o tempo como um conceito elástico ou líquido, já não ocupando um lugar rígido na sua consciência. Ao experimentarem este novo estado do ser (e, definitivamente, trata-se de um estado alterado), os participantes terão incorporado um novo ponto de referência ao seu sentido de tempo. Mudando-se a relação deles com o tempo, pode-se dotá-los de novas possibilidades e a vontade de realizarem seus mais altos ideais.

Este evento não deve ser feito mais do que uma vez a cada período de três dias. Como desafio extra, a viagem no tempo deveria ser mais longa, se possível somente cinco minutos a mais a cada vez que for feita. Este é um trabalho muito exigente, e assim deve ser tratado com extremo cuidado e respeito.

O MESSIAS

Há um ensinamento da Cabala (tradição mística hebraica), originalmente introduzido pelo Rabino Isaac Luria no século XVI, que entende o conceito do Messias não como a vinda de uma pessoa, mas sim como um símbolo da harmonia mundial.

A lenda conta que Luria reuniu seus discípulos no Shabat, dizendo que poderia trazer o Messias a cada Shabat. Deixou claro que, para isso, deveria haver uma completa harmonia entre todos durante o Shabat. Eles não deveriam ter nem mesmo a mais leve altercação. Assim ocorreu até perto do fim; então, um argumento trivial estourou, provocando uma discordância entre dois discípulos. Mais tarde, o rabino explicou que por causa de suas fraquezas, Satanás, novamente, tinha trabalhado para criar a desunião e assim evitar a vinda do Messias.

Sob esta perspectiva, o exercício seguinte usa tal premissa para criar uma situação improvisacional que pode ajudar a alcançar novos níveis de caracterização. É uma variação do tema hebraico, pelo qual os personagens agrupados, e não os discípulos, são, na verdade, estranhos totais. Inerente a tal esquema, há uma certa tensão e distância entre os vários tipos de pessoas. A tarefa é, nesse caso, estabelecer por pelo menos um minuto a harmonia total.

O que acontece é isto: cada pessoa do grupo chega "como personagem". De que maneira os personagens serão desenvolvidos fica a cargo da classe. (Nas minhas aulas, este exercício é usado após os alunos já terem completado pelo menos três semanas de pesquisa no desenvolvimento do personagem). Eles devem conhecer muito bem o seu personagem para permanecerem enquanto tal e reagindo como ele, interagindo entre si mesmos dentro do enredo do personagem, por no mínimo, uma hora.

Uma vez que todos os personagens tenham chegado, o líder dá as boas vindas e, de maneira agradável, fala o seguinte: "Eu sei que vocês estão ansiosos para descobrir o quê exatamente vão fazer e como vieram parar aqui todos juntos. Isso tudo ficará claro assim que progredirmos. Deixem-me primeiro dizer que não precisam entrar em pânico, pois todas as suas necessidades em termos de comida, ar e água serão supridas. Meus superiores me instruíram para não lhes contar, neste momento, qualquer coisa diferente daquilo que possam saber uns dos outros, e que ficarão sabendo antes da minha próxima visita.

"Não há necessidade de tentarem escapar pela(s) porta(s) ou janela(s), porque aquilo que vocês percebem como matéria sólida não é, na realidade, nada além de um holograma sustentado por seus padrões de pensamento coletivo. E, por favor, não fiquem alarmados pelo meu súbito aparecimento ou desaparecimento; isto é também um recurso natural que daqui a pouco ainda lhes ficará claro. Até lá, eu lhes dou adeus".

Normalmente, estalo os dedos à minha frente, como se tivesse desaparecido, e então posso caminhar "invisível" até uma cadeira encostada na parede para sentar e observar.

Muitas coisas podem acontecer nesse ponto. Várias delas dependem do personagem construído. Seja o que for que aconteça, é importante que ninguém olhe para você ou, de modo algum, permita que a sua presença invada a realidade deles. Devem ficar lentos e, possivelmente, confusos no princípio. Inevitavelmente, as primeiras tentativas para improvisar um personagem podem soar terrivelmente banais e totalmente artificiais. Na medida em que progridam, tais aspectos melhoram imensamente.

Os personagens que são líderes naturais devem começar a rolar a bola ao introduzirem a si mesmos aos demais, ou ao fazerem um discurso, ou investigando a sala, procurando pela saída. O líder deve apenas sentar e deixar as coisas seguirem o seu curso. Após cerca de dez minutos, o líder deverá retomar o exercício e fornecer novas instruções. Não fique surpreso se os personagens falarem com você e quiserem saber mais sobre aquilo que está falando; esquive-se das perguntas tanto quanto puder. As próximas instruções serão algo como: "Alô, novamente, espero que todos tenham tido tempo suficiente para se familiarizarem uns com os outros. Meus superiores me pediram para informá-los sobre a sua situação. Alguns de vocês vêm de diferentes tempos e experiências diversas. A possível razão pela qual todos devem se encontrar aqui é que isto é o compartimento de uma prisão situada por entre as realidades. Vocês não estão nem vivos, como vocês estavam, nem estão mortos. Encontram-se num lugar intermediário que não tem tempo.

"Vocês devem decidir entre si próprios se desejam permanecer aqui, juntos pela eternidade, ou se querem retornar à sua vida anterior. Só que retornar, no entanto, requer esforço por parte de cada um. Para que se possa dissolver o holograma, cada um aqui deve deliberar sobre isso e elaborar um ritual de grupo completamente harmônico, que dure pelo menos um minuto. Quando isso for feito, vocês retornarão instantaneamente".

Se nada falhar, seguir-se-á uma explosão de perguntas ou reações, mesmo durante o discurso, e nesse caso o líder deve manter-se flexível. Se inesperadamente aparecer uma pergunta que não possa ser enquadrada, o líder sempre pode dizer que vai perguntar ao seu superior e, depois, sai rapidamente de cena para planejar a próxima tática.

Isso acontece quando as coisas começam a pegar fogo. Alguns personagens caem no desespero, outros parecem indiferentes, alguns chegam até a pensar que se trata de um jogo elaborado. Paulatinamente, os personagens lutam para chegar a um plano de ação. É claro, a natureza humana torna difícil para as pessoas concordarem a respeito de qualquer coisa, e isso normalmente aumenta nas pessoas em personagem. Essa etapa pode seguir seu curso espontâneo por mais ou menos dez a vinte minutos de cada vez, após o que a seguinte instrução será dada: "Sinto muito ter que dizer-lhes isto, mas ocorreu uma mudança de instrução. Vocês não têm mais a opção de ficarem juntos aqui pela eternidade. Se vocês não completarem um ritual unificado dentro dos próximos dez minutos, serão levados embora daqui e mortos um a um. Caso vocês não sejam capazes de se unificarem em dez minutos, então deverão decidir quem de vocês será o primeiro a ser sacrificado. Isto é tudo o que posso dizer no momento. Boa sorte".

Admito que isso é um tanto bizarro, eu sei. Mas serve para intensificar a experiência. O tempo limite apressa a todos para que ajam e rende alguns resultados muito curiosos. É especialmente interessante ver como eles andam de lá para cá à procura de um ritual. Ou, caso o ritual não seja encontrado, é igualmente interessante ver como vão de lá para cá a fim de selecionar o primeiro sacrificado.

Após exatamente dez minutos, o líder deve retornar e exigir que o sacrifício aconteça. A menos, claro, que já tenham se unificado, caso em que o exercício vai para um descanso e os atores podem desvestir os personagens e discutir suas descobertas.

Se um sacrifício foi feito, o líder e a pessoa serão afastados para observar a próxima seqüência de eventos. Muitos sacrifícios podem ser feitos ou, às vezes, é útil reintroduzir o primeiro sacrificado, que vai relatar uma história de tortura e terror indizíveis e tentar convencer os demais da importância de se desempenhar o ritual.

Se parecer que nunca haverá um ritual, o líder deve terminar a improvisação e permitir que todo mundo discuta o evento.

Os rituais em si mesmos podem ser justamente sobre nada. Isto é uma parte do encanto do exercício. É divertido ver o que um grupo, em particular, vai usar para elaborar as suas tentativas de unificação. Dei muitos destes exercícios e, somente duas vezes, testemunhei um verdadeiro ritual unificado. Em ambas as vezes, foi trabalhoso, mas uma coisa estupenda de ser vista quando aconteceu.

É preciso fazer algumas destas improvisações para proporcionar aos personagens explorar todos os seus contornos. O perigo que existe é que os personagens tornem os seus momentos muito melodramáticos ou que subavaliem as suas situações. Eventualmente, tive que interromper o exercício e, com efeito, desafiar o grupo para que se colocassem na situação como se ela fosse real.

É evidente que, como qualquer exercício desse tipo, não é permitido aos participantes abusar fisicamente de alguém ou, de forma alguma, colocar em perigo a segurança dos participantes. Posso permitir que as coisas se aqueçam, por exemplo, se ocorrer uma altercação, mas caso comece a se desenhar uma violência física, eu grito "Congelem!", recordando a tarefa de se conduzirem para a beira da realidade, mas não de sair dela.

RETROSPECTIVA DE VIDA

Este é um exercício privado que pode ser feito em qualquer momento, em qualquer lugar. É preciso apenas um esforço sincero para manter determinada perspectiva por um curto período específico de tempo. É muito transformador quando integralmente executado e, por isso, o "jogador" deve evitar dispersar o seu poder falando sobre ele.

O exercício é o seguinte: numa hora predeterminada do dia, o jogador decide alterar a sua perspectiva da realidade por uma hora inteira – sem interrupções. Ele ou ela, durante essa hora, observa e participa da vida como se ele ou ela estivesse experienciando uma *retrospectiva de vida,* tal como se dá no momento da morte. Deve acreditar que está morto e, ao mesmo tempo, uma parte de sua consciência sabe que está vivo.

Ocorre uma pungência a cada momento que se segue. O exercício é diferente para cada um e depende muito de onde se está e daquilo que se está fazendo. O sentimento de querer ser determinado tipo de pessoa, e no entanto fazer certo tipo de coisa que não tornará banal essa retrospectiva de vida, parece ser universal. Todo mundo narra um aprofundamento de valores e uma apreciação renovada de cada momento da existência.

Quando as pessoas praticam regularmente este exercício durante certo tempo, podem começar a viver as suas vidas de forma diferente. Seu trabalho como atores melhora imensamente e começam a querer levar a sério o seu crescimento. Mais que tudo, parece haver a geração de mais amor e perdão.

Conquanto não diretamente aplicável ao palco, este exercício, de forma indireta, está trabalhando os músculos da observação e da concentração especial, necessárias para manter a perspectiva do personagem. Como acréscimo ao incentivo extra de se fazer trabalho de qualidade, há freqüentemente uma evidente melhoria em todos os níveis da sua arte.

Mencionei anteriormente que não se deve ficar tagarelando sobre este exercício. Com isso pretendo dizer que se deve evitar contar a qualquer um aquilo que acontece durante a hora de trabalho. Pode haver uma discussão mínima no grupo para clarificar as coisas e para deixar as pessoas validarem as suas experiências, mas assim como a maior parte, ele é muito mais efetivo quando feito reservadamente.

ARTEFATO INTERIOR

Este é outro exercício privado. Ele faz uso da tendência natural do instrumento para formar hábitos. Pode ser usado para criar características vocais, físicas e psicológicas que, decididamente, são diferentes da própria coleção de hábitos pessoais. Fazê-lo segue o antigo conceito de trocar "as novas luzes pelas velhas".

Há dois modos de abordá-lo; ambos são válidos. O primeiro pede a você, ator, enquanto estiver nas fases intermediárias do desenvolvimento do personagem, que desenhe vários esboços rápidos, abstratos, que melhor descrevam a essência do personagem. A seguir, escolha uma linha ou um grupo de linhas que pareça capturar o espírito básico da pessoa que quer retratar.

Na segunda abordagem, você deverá examinar várias linhas desenhadas no papel e escolher aquela que estimule o seu envolvimento interior. A partir dessa linha, pode usar o exercício para chegar a uma caracterização ímpar.

Para começar, pegue um desenho bastante grande da linha (35cm x 45cm ou maior) e pregue isso na parede do espaço de trabalho. Uma vez fincado na parede, a linha não deve ser movida ou alterada durante a sessão.

Na seqüência, fique de pé em frente ao desenho e, sem mover o corpo, comece a *respirar a linha*. Inspire suavemente seguindo a forma da linha, quase como se a linha estivesse entrando nos pulmões. A expiração deve seguir o mesmo padrão ao contrário. Faça isso enquanto olha a linha e preste atenção a qualquer sentimento interior que possa começar a brotar. Isso deve continuar, lenta e facilmente, durante pelo menos cinco minutos.

Gradualmente, deixe a respiração influenciar o movimento da cabeça. Alongue a linha com a cabeça enquanto respira a linha. Deixe as características faciais responderem também à linha. Desenhe com os olhos, nariz, orelhas, língua, todas as partes. Mantendo a respiração conectada ao movimento, deixe esta exploração dirigir-se para baixo para incluir os ombros, braços, mãos, tórax, cintura, quadris, pélvis, joelhos, tornozelos e os dedos dos pés.

Depois que o corpo inteiro tiver tido a chance de experimentar a linha, fique de pé novamente e simplesmente respire. Enquanto faz isso, preste atenção, de novo, para observar qualquer sentimento e deixe que isso influencie a escolha sobre qual parte do corpo deve mover. Permita que a respiração experimente tempos diferentes da linha na medida em que explora o sentimento em relação a uma única parte do corpo.

Principie a adicionar a voz, suavemente no início. Deixe que a voz siga o ritmo e a sensibilidade do corpo. Neste ponto, pode abandonar o desenho e entrar no espaço, o que lhe permitirá movimentos mais largos e dinâmicos.

Considerando que a exploração da linha deve continuar, poderão ocorrer momentos de "pensamento em dobro", ou então um súbito bloqueio. Se isso acontecer, o que não é raro, simplesmente volte ao desenho e recarregue a linha com um olhar fresco. Uma vez que a mente esteja novamente fora de controle, vagueie pelo espaço usando a voz e os movimentos, explorando outra vez a linha.

Qualquer coisa entre dez a vinte minutos deverá se passar durante a fase de exploração inicial. Você tem total liberdade para avançar os limites desta simples linha. Entrar em cheio na luta para absorver ou fixar a linha permitirá que encontre coisas completamente fora da esfera do clichê. No entanto, deixe-me lembrá-lo de usar o bom-senso e evitar forçar demais o corpo ou a voz.

Tente não exagerar a exploração numa direção predeterminada: deixe que adquira a sua própria forma. Muito freqüentemente, durante o estudo de uma linha desta natureza, o ator deverá evitar a adoção de direções que pareçam não ter conexão com o caráter daquilo que se deverá trabalhar. Recorde que a exploração é uma jornada rumo ao *desconhecido*, e enquanto tal não deveria estar limitada por noções preconcebidas de como o personagem deve ser representado. É por ter a coragem de confiar num território não-mapeado que você pode descobrir características do personagem que não constam da sua mala de clichês.

Após uma exploração desenfreada pelo espaço com voz e corpo, busque a postura essencial da linha. Exagere essa postura e tente uma variedade de caminhadas seguindo ainda aquelas sugestões formuladas pela linha. Enquanto o corpo caminha com a postura e o ritmo da linha, comece a somar algumas palavras ou frases que pareçam emergir da exploração nesta fase. Não julgue o conteúdo! O que você diz neste momento é inconseqüente: é meramente a primeira tentativa de abrir a psicologia para o formato da linha.

A fase de exploração seguinte é crítica. Até agora você sabe como a linha sente interiormente e como se manifesta em gestos, posturas, caminhadas e respiração. A partir daqui, começa a absorção da linha para dentro do ser.

Fique de pé no centro do espaço e comece a respirar novamente a linha. Gradualmente, forme um padrão de movimentos que seja gerado pela respiração. O padrão deve envolver muito do corpo, tanto quanto possível, e deverá estar saturado de sensibilidade. Repita o padrão outra e mais outra vez com uma dinâmica confortável, até que não haja nenhum problema no sentido de completar a figura.

Pouco a pouco, então, o padrão deverá aumentar em tamanho e dinâmica. Você deverá usar mais a respiração, mais poder e mais espaço, fazendo com que se tornem maiores e mais fortes por meio de progressos regulares. Isso vai ajudar também na construção vocal. O padrão deverá se expandir em todos os sentidos até que você esteja ocupando a sala inteira e que esteja no nível máximo da dinâmica vocal e física.

Permaneça apenas momentaneamente no auge, e então retorne progressivamente do mesmo modo. Passo a passo, o padrão deverá reduzir-se em tamanho e dinâmica, até eventualmente retornar ao nível confortável em que você começou crescendo. Não pare aqui, no entanto. Deixe a linha ficar à toa por um momento ou dois, e em seguida comece a diminuir a dinâmica, interiorizando gradualmente o padrão.

Lentamente, o padrão se torna minúsculo, a respiração ficará extremamente pequena e o padrão terá sido interiorizado a um grau em que continuará dentro, sem *manifestação exterior*. Nesse momento, a linha tornou-se um mantra, ou artefato interior, o qual começará a permitir que o personagem possa emergir organicamente do interior.

Gestos, ritmos de fala, movimentos de olhos, respiração, riso, a autêntica alma do personagem, seguirão um código básico. No início, será preciso algum esforço para sustentar a conexão do artefato. Mais tarde, ele será ativado com um simples pensamento, e então você estará livre para prosseguir na busca rumo a uma dinâmica de representação mais espontânea, confiando no personagem que, agora, seguirá naturalmente a nova linha de hábitos e que qualquer hábito pessoal terá sido reduzido a um mínimo.

A beleza da técnica é que ela pode ser ativada na percepção de qualquer momento e pode, também, ser descartada com um rápido comando da mente. É útil para todos os estilos de atuação, para todos os personagens, e não interfere com a necessidade de o ator estar no momento. Mais que isso, estabelece um nível mais profundo de confiança no potencial criativo do ator.

PERSPECTIVA SELETIVA

Este exercício ensina como localizar e usar um mecanismo de manobra interior que altere a percepção e o envolvimento emocional com o mundo externo.

Para começar, mantenha o grupo andando ao redor do espaço num padrão qualquer de movimentos. Em seguida, peça para que se permitam ficar irritados com aquilo que estão enxergando, ouvindo ou de alguma forma percebendo. Podem usar uns aos outros, ou até mesmo a si próprios, contanto que não reajam de forma alguma a isso ou que fique óbvio aos demais aquilo com o qual estão de fato irritados.

À medida que o exercício progredir, os participantes começarão a ficar agitados, irritados, mal-humorados, desafiadores e bravos. Encoraje a confiança ao dizer: "Deixem que a confiança trabalhe em vocês, tentem não sentir nada, apenas deixem-se ficar irritados". Observe os seus corpos no sentido de que tenham reações honestas às suas percepções.

Em seguida, oriente o grupo para se permitirem ficar fascinados por aquilo que vêem uns nos outros ou que percebam ao seu redor. Não devem "demonstrar" o motivo pelo qual estão ficando fascinados; ao invés disso, devem se permitir ficar simplesmente fascinados.

Nesse ponto, começarão a sorrir amplamente, a rir, a suspirar e, geralmente, a se tornarem "iluminados". A sala deverá se tornar um ambiente completamente diferente. Encoraje-os a procurarem por novas e cada vez mais efetivas fascinações. Isso normalmente contribui para uma quase que insuportável atmosfera positiva.

Após alguns instantes, permita que experienciem isso completamente, e então peça que retornem a um estado neutro. Dentro desse estado neutro, discuta as coisas percebidas que conseguiram afetar o seu humor. Deve ser dada ênfase ao fato de que eles são, em grande parte, responsáveis por aquilo que percebem no mundo.

Na seqüência, enfatize que este mecanismo interno é o mesmo dispositivo necessário para "ver com os olhos de um personagem". Não é muito adequado, para um ator, insistir em ajustar-se ao humor do seu personagem. É melhor, e até mais fácil, permitir que a perspectiva do personagem seja o fator que irá produzir o humor do ator.

ALDEIA DOS IDIOTAS

É um dos meus exercícios favoritos, visto que é muito útil para introduzir e esgotar a idiotice fundamental da condição humana.

Comece com os participantes deitados de costas no chão. Depois de um ou dois momentos de relaxamento, dê as boas-vindas à "Convenção dos Idiotas". Eles são todos idiotas nesta convenção e, de algum modo, conseguiram chegar a essa posição de estarem deitados no chão. A próxima missão é ficarem na posição de pé. Devem fazer isso da maneira mais idiota possível. Em seguida, eu normalmente narro deste modo (sinta-se livre para expandir ou melhorar): "Agora, sem ferir a si próprios ou a qualquer um próximo a vocês, devem ficar de pé da maneira mais idiota possível. Não há nenhuma lógica nisso. É ridículo; não faz nenhum sentido. Ok. . . e. . . Vamos!"

Invariavelmente, cerca de 50% do grupo começará a fazer as coisas mais ultrajantes e fisicamente vigorosas possíveis. Deixe-os agirem assim por um momento ou dois (contanto que não estejam em qualquer perigo), logo em seguida, pare o exercício para dizer o seguinte: "Ok, idiotas, vocês foram adoráveis. A não ser pelo fato de que muitos de vocês estavam usando a força bruta como seus únicos meios. Lembrem-se, não há nenhuma lógica nisto tudo. Vocês podem querer ficar de pé cantando, convocar a ajuda de um mosquito de estimação ou tornar-se uma figueira, qualquer coisa! Se uma tentativa não tiver êxito, mudem para qualquer outra. É claro que nenhuma delas terá sucesso; mas isso não deve impedi-los de tentar. Ok, respirem suavemente, pronto, e vamos!"

Geralmente, há mais inventividade nesta fase e algumas tentativas serão hilariantes. Comumente, espero até ver um maior número de abordagens interessantes e, então, grito: "Congelem!". Peço rapidamente, então, a cada idiota, um por vez, para que continue mantendo a própria tentativa de permanecer de pé. Isso dá chance de ver a variedade de escolhas ao seu redor e, mais adiante, inspirar uma abordagem não-racional. Encorajo-os, então, a acreditarem realmente que a sua maneira, não importa quão idiota seja ela, na verdade irá funcionar para eles.

Depois de um minuto ou dois, digo que a maneira de cada um está funcionando magicamente, e que ela permitirá, realmente, conseguirem chegar à posição de pé. Uma vez de pé, peço-lhes que saúdem seus colegas idiotas!

Em seguida, e este é o ajuste crítico, digo de repente que estão num mundo normal e que tentem parecer normais. Eles têm que acatar as sugestões de comportamento que partem daqueles que estão ao seu redor. Tudo que estão fazendo deve ser o "certo" e o "normal". Ajudo-os a perseguir essa meta inserindo comentários como:

"Como é que os demais estão caminhando? Qual é o modo normal de se caminhar aqui?"

"Como as pessoas devem falar e se comunicar?"

"Fiquem alertas, tentem convencê-los de que você é normal".

Isto seguirá o seu próprio curso, com as pessoas tentando descobrir o "modo certo" de se sentarem, de rir e se comportar. Pode liberar cargas de inibições muito rapidamente e ajuda as pessoas a verem como o condicionamento social é um dos meios de esconder a comédia humana fundamental.

E. J. Gold, *Circe*, bico de pena, 28 x 38 cm, Rives BFK, 1987.

16. Considerações Finais

> *Usei a palavra 'ator', mas numa fase do desenvolvimento humano o ator se torna um 'agente', visto que chegou à conclusão de que, por seu intermédio, o propósito do universo focalizado está, realmente, de acordo com o tempo e o lugar da sua representação da vida. Nela, o ego tornou-se uma lente cristalina por meio da qual a 'Vontade de Deus' concentra-se em atos individualizados. Ele não pensa; a Mente Una o pensa. A sua vida tornou-se 'sagrada' porque não é mais a 'sua' vida, a não ser o Total desempenho no seu interior e através do espaço de todo o seu organismo, e em cada ocasião determinada pelo ritmo do processo planetário, seja qual for o momento em que uma atuação seja necessária*[1].
>
> DANE RUDHYAR

O drama humano da vida na Terra é geralmente interpretado por trôpegos amadores, que aprendem os seus papéis meio que decorados, sem que nem mesmo reconheçam a peça da qual fazem parte. Tropeçam cegamente de cena em cena, roubam o foco, cortam falas ou perdem entradas, esperando que o dramaturgo ajuste as coisas caso entrem num enrosco. E eles sempre caem no enrosco!

E existe também o fato de haverem aqueles humanos que reconhecem o valor do trabalho profissional. Aqueles seres que estudam, observam, ensaiam, investigam e aprendem as falas necessárias para tirá-los da escuridão dos bastidores para entrarem no altar bem iluminado que é o palco.

Por que deveriam a inspiração e o crescimento da dimensão espiritual ser relegados apenas aos poetas, músicos, pintores e dançarinos? O ator também tem o direito e os meios de adentrar nos portais misteriosos e lutar para despertar.

Desafio o ator novo a se unir ao ator antigo e transformar até mesmo o mais ínfimo, o mais insípido exercício, numa tarefa espiritual. Eis aí o segredo para se superar a poderosa corrente da mediocridade que ora estamos enfrentando. E quem sabe, a tempo e com a ajuda de todos os demais trabalhadores da dimensão espiritual, haverá platéias que saibam digerir aquilo que lhes for dado. Nesses momen-

---

1. Dane Rudhyar, *An Astrological Mandala*, New York, Vintage Books, 1974, p. 34.

tos em que o evento teatral for percebido como possível veículo de esclarecimento, a arte será devolvida à sua função sagrada e os atores já não precisarão mercadejar com a dimensão espiritual.

Até lá, sugiro colocar para funcionar aquilo que possa ser aproveitado deste texto, e a começar a combinação disto com o trabalho que, de algum modo, está conectado à legítima tradição. Igualmente, poderá ser muito útil formar um grupo de colegas-atores que também estejam buscando a verdade e que estejam dispostos a fazer alguns sacrifícios.

Não sei se a atual onda de popularidade do ator vai perdurar. Esperamos que os aspectos fragmentários e sensacionalistas da arte diminuam sem que os atores, eventualmente, percam a influência que agora desfrutam. O ritmo é crítico, de qualquer modo, visto que se os atores não derem o salto de consciência necessário que outros campos parecem estar dispostos a dar, no próximo século eles entrarão desesperadamente, como párias sociais, em outro período obscuro.

Não permita que isso aconteça. Leve os seus ágeis dons e os seus nobres esforços para o crisol do espírito. Emerja inteiro e com os olhos puros, como exemplo vívido do novo ator, participando corajosamente do pleno espectro da redenção humana – trazendo luz e alegria aos corações de muitos que têm sede de despertar. Faça isso e você será um amigo de toda a humanidade.

Glossário

ÁSANA. Literalmente, sentado, mas traduzido como postura ou pose.
BUDA. Palavra que em sânscrito significa totalmente desperto. O iluminado, Gautama Siddharta, que compilou o budismo. Ser que abandonou completamente todas as suas ilusões e impressões. Muitos seres se tornaram Budas no passado e muitos tornar-se-ão Budas no futuro.
BUDISMO. Sistema filosófico e religioso indiano fundado por Siddarta Gautama (563-483 a.C.), o Buda, que parte da constatação do sofrimento como a condição fundamental de toda a existência e afirma a possibilidade de superá-lo por meio da obtenção de um estado de bem-aventurança integral, o *nirvana*
CHACRA (sânscrito). Literalmente roda, mas na acepção figurada refere-se a uma série de vórtices semelhantes a rodas que existem na superfície do duplo etéreo do ser humano. Os nomes dos sete chacras principais são: fundamental (ou básico), esplênico, umbilical (ou plexo solar), cardíaco, laríngeo, frontal e coronário.
CHI. Refere-se à energia vital, prana para os hindus.
CORPOS SUTIS. A maioria das religiões espiritualista adota que o ser humano possui três corpos: o físico (ou denso), o etéreo ou astral, e o causal. Na Teosofia, há sete corpos, que progressivamente são: o físico, o etérico ou vital, o astral, o mental concreto ou inferior, o mental abstrato ou superior, o búdico e o átmico. O espiritismo considera três corpos: o físico (ou denso), o perispírito e o espírito. A religião católica aceita apenas o corpo físico e a alma.

DZOGCHEN. Em tibetano significa "grande perfeição" e é uma prática avançada associada particularmente com o Bom, religião nativa do Tibete.

CANALIZAÇÃO. termo leigo aplicado como alternativa a médium, que é o termo usado pelo espiritismo, ou seja, é o fenômeno que se dá com o ser humano que, por meio de seu corpo físico, entra em contato com seres ou entidades de outras dimensões, ou de outros planos. A diferença em relação ao espiritismo é que, neste, o médium trabalha a partir de sua fé e de um quadro doutrinário.

HATHA IOGA. Na ioga, a base fundamental das práticas físicas. O suporte.

CHELÁ (sânscrito). Discípulo ou aprendiz, no ocultismo, que contrai obrigações diversas à medida que vai desenvolvendo sua instrução.

HOLOGRAMA. Fotografia que produz uma imagem tridimensional e que contém informação sobre a intensidade e a fase de radiação refletida, transmitida ou difratada pelo objeto fotografado. (É obtida, geralmente, utilizando a radiação coerente e um *laser* cuja luz é dividida de maneira que parte dela ilumine o objeto, e parte incida diretamente sobre uma chapa fotográfica; a superposição dos dois feixes produz figuras de interferência, a imagem é produzida ao se iluminar a fotografia com a luz do *laser*).

IOGA. Conjunto assistemático de práticas psicofísicas e ritualísticas que acompanha inúmeras crenças religiosas indianas, provavelmente desde a época anterior aos Vedas (Escrituras Sagradas) antes do século XX a.C. Conjunto sistematizado numa escola filosófica no século V d.C, que acrescenta à ampla tradição de técnicas psicossomáticas os princípios especulativos da filosofia *sanquia*, com o objetivo de alcançar o samádi, suspensão completa da atividade mental

KOAN. No zen-budismo, sentença ou pergunta de caráter enigmático e paradoxal, usado em práticas monacais de meditação com o objetivo de dissolver o raciocínio lógico e conceitual, conduzindo o praticante a uma súbita iluminação intuitiva.

KUNDALINI. Base biológica da religião e do gênio; a chave do gênio, dos poderes psíquicos, da criatividade científica e intelectual e de uma extrema e saudável longevidade. Essência do fluido sexual que existe no plano molecular ou mesmo atômico e que jorra a partir dos órgãos reprodutivos, por meio de trajetos neurais, até o canal espinhal e, então, sobe para o cérebro.

MAHAYANA. o "Grande Veículo" que indica o universalismo, ou salvação para todos, pois todos serão Budas e atingirão a iluminação.

MERIDIANOS. Na medicina chinesa, são as linhas por onde circulam a energia e o sangue em todo o organismo, ligando os órgãos às vísceras, os membros às articulações, como uma passagem que

liga o que está em cima àquilo que está em baixo, aquilo que está dentro com aquilo que está fora.
PRANA. Energia vital. O mesmo que Chi.
QUAKERS. Membros de seita religiosa protestante inglesa (a Sociedade dos Amigos), fundada no século XVII. Prega a existência da luz interior, rejeita os sacramentos e os representantes eclesiásticos, não presta nenhum juramento e opõem-se à guerra.
SADHANA. derivado do sânscrito *sadh*, atingir o objetivo, pode ser traduzido como meio de realizar. As *sadhanas* são textos litúrgicos para a prática da meditação, desde a visualização das divindades meditacionais até a dissolução final, em meditação não-conceitual.
SAMÁDI. É o estado de não ser ou de liberação, iluminação da raja ioga.
SATIPATTHANA SUTTA. Um dos mais populares textos do Cânone Theravada (Cânone Páli), ou o Discurso Sobre os Quatro Fundamentos da Plena Atenção. Essencialmente, paradigma para alcançar a visão interna da verdadeira natureza das coisas por meio do veículo da percepção total.
Sannyasin (sânscrito). Renunciado, aquele que morreu para o mundo social com toda a sua trama de atividades, desgastes e obrigações diárias.
SHAKERS. Grupo Religioso Comunal Norte-Americano (United Society of Believers in Christ's Second Appearing), fundada por Ann Lee no século XVIII. Os primeiros shakers chegaram aos EUA procedentes da Inglaterra e compartilhavam sua fé e o usufruto dos bens comuns, o celibato, a confissão dos pecados, a igualdade entre homens e mulheres, o pacifismo e a separação do mundo social. Atingiu seu pico em meados de 1800 e hoje resta apenas uma pequena comunidade no Maine.
SIDDHI. Perfeição. Estado de contemplação profunda.
SUFISMO. Forma de misticismo e ascetismo islâmico, hostil à ortodoxia muçulmana, caracterizado por uma crença de fundo panteísta e pela utilização da dança e da música para uma comunhão direta com a divindade (propagou-se especialmente na Índia e na Pérsia nos séculos IX ao XII e foi influenciado pelo hinduísmo, budismo e cristianismo).
SUTRA. Literalmente, é traduzido como aforismo. Na literatura da Índia, coletânea de breves aforismos que contêm as regras do rito, da moral, da vida cotidiana e da gramática.
TAO. O Caminho, fonte de todas as coisas, indo ao sabor da corrente, não lutando contra a maré. "O Tao nada faz, mas ao mesmo tempo nada deixa de ser feito". O Tao e suas ramificações nasceram do Tao Te-Ching, obra de Lao Tsé. O taoísmo foi organizado na dinastia Chang, tendo começado como uma espécie de filosofia mística, que sublinhava a importância de ser "natural" e espon-

tâneo, de viver sendo um com o Tao, o Caminho, o princípio da realidade. Com o tempo, desenvolveu-se até se converter numa religião popular, apoiada em rituais e elixires, assim como em deuses.

TAI-CHI CHUAN. Série de movimentos meditativos lentamente executados, usado originalmente pelos chineses como sistema de exercícios de relaxamento e meditação

Tan Tien. Nome dado aos três principais centros de energia localizados no corpo físico. Embora os três sejam usados na alquimia taoísta, o mais usado é o Tan Tien inferior, no qual se armazena o Chi original.

TANTRA. Na cultura indiana, conjunto de livros anônimos escritos aproximadamente entre os séculos VI d.C e XV d.C, posteriores aos Vedas (Escrituras Sagradas), que preconizam a realização espiritual por meio de um ritualismo heterodoxo, o qual influenciou seitas hinduístas, budistas e jainistas.

TAOÍSMO. Na cultura chinesa, doutrina mística e filosófica formulada no século VI a.C por Lao Tsé e desenvolvida a partir de então por inúmeros epígonos, que enfatiza a integração do ser humano à realidade cósmica primordial, o Tao, por meio de uma existência natural, espontânea e serena (seu caráter contemplativo, na vida religiosa, é o principal rival do racionalismo pragmático que caracteriza o confucionismo).

VIPÁSSANA (do sânscrito: *vipashyana*). perspicácia de se enxergar as coisas como elas são. Refere-se igualmente à meditação da introspecção, da percepção, que desenvolve a atenção em relação aos fenômenos condicionados *Theravada* ou para a vacuidade dos fenômenos condicionados *Mahayana*.

YING E YANG. Na cultura chinesa, par de forças ou princípios fundamentais do universo, ao mesmo tempo antagônicos e complementares, em perpétua oscilação e predominância (supremacia relativa ao passageiro do yin ou do yang), presentes nas manifestações orgânicas, psicológicas e sociais do ser humano e na dimensão inorgânica da natureza.

ZAZEN. meditação, ou simplesmente "sentar", é a prática espiritual principal do zen- budismo.

ZAFU. Almofada de meditação em que se senta diretamente durante o zazen (meditação), colocada diretamente no zabuton (esteira).

ZEN. escola do budismo surgida na China do século VI d.C e levada para o Japão no século XII, onde granjeou grande importância cultural até os dias atuais, caracterizada pela busca de um estado extático de iluminação pessoal, o *sátori*, equivalente a um rompimento deliberado com o pensamento lógico, obtido por meio de práticas de meditação sobre o vazio ou reflexão a respeito de absurdos, paradoxos e enigmas insolúveis (*koans*).

Índice Remissivo

A
Absoluto, o – 58
Actor's Studio, The – 27
Adivinhações – 15
Aids – 80
Alexander, F. Matthias – 63-66
Ambiente, no teatro – 40
Amor – 79, 101, 115-117
Annals of the Hall of Blissful Development (*Anais do Salão do Desenvolvimento Feliz*) – 48
Arrastamento rítmico – 38-41
Artaud, Antonin – 18
Asian Journal, The (*O Diário Asiático*) – 62n, 98
Assagioli, Roberto – 98
Atenção:
 concentração da – 23-28
 enfoque na atuação – 97
 enfoque para definir teatro – 104
 para relaxamento – 26
 na técnica Alexander – 64
Auto-estudo, para Stanislávski – 22
Auto-recordação – 22
Awaken Healing Energy Through the Tao (*Desperte a Energia Curativa Através da Tao*) – 82

B
Bailey, Alice – 103
Balaão, lenda hebraica de – 57
Bates, Brian – 7n, 9n, 53
Be Here Now (*Esteja Aqui Agora*) – 69
Beckett, Samuel – 18, 19
Beethoven, Ludwig van – 98
Bentov, Itzhak – 38, 39, 51, 58, 98n, 101, 135n
Bernhardt, Sarah – 66
Between Theatre and Anthropology (*Entre o Teatro e a Antropologia*) – 3n, 11n, 105
Bíblia, – 57n, 70
Biomecânica – 19
Black, Shirley Temple – 2
Blake, William – 98
Brando, Marlon – 2
Brook, Peter – 14, 17n, 46n, 65
Bruno, Giordano – 17
Buda – 61, 67, 106
Buda Dourado – 76
Budismo – 48, 61, 62, 89, 106

C
Cabala – 27, 124-125
Cage, John – 104
Câmara fechada – 31

Campbell, Joseph – 68
Canalização – 12, 103-117
Castañeda, Carlos – 11
Catarse – 11
Cayce, Edgar – 103
Chacra(s) – 24-26
Chan, Chang – 85
Chekhov, Michael – 70, 83
Chelas – 3
Chi – 27, 52, 69, 81, 83, 113
Chia, Mantak – 82, 86n
Ching, Liu – 85
Ching, Ni Hua – 33, 91n
Choque construtivo – 45, 49
Civilização grega – 7
Cohen, Robert – 2
Commedia dell'arte – 15
Comportamento esquizofrênico – 8
Comportamento restaurado, definição – 3
Concentração, para Stanislávski – 23-28
Controle da ejaculação – 83, 84, 86
Corpo astral – 51, 52, 54
Corpo, ou corpos – 51-54
   astral – 51-54
   de diamante – 52
   fora do – 53-54
Corredor da Loucura – 97, 98
Cosmic/Comic Book, The (*O Livro Cósmico/Cômico*) – 38, 101
Cristianismo – 67, 90
Cultivating Female Sexual Energy (*Cultivando a Energia Sexual Feminina*) – 82, 86n

D
Dali, Salvador – 98
Da-Love Ananda – 85
Dark Night of the Soul (*Noite Escura da Alma*) – 91, 98-99
Dee, John – 18
DeNiro, Robert – 105
Descartes, René – 111
Despertamento – 43-50
Deus – 20, 25, 27, 50, 58, 59, 63, 68, 99, 112, 135
Dickinson, Emily – 98
Ditirambos – 7, 10
Divinatórias – 74
Dorotheus, St. Abba – 47

E
Eastwood, Clint – 2
Eating Gorilla Comes in Peace, The (*O Gorila que Come Torna-se Pacífico*) – 85-86
Elemento típico – 49
Energia ovariana – 86
Epicuristas – 90
Era da Restauração – 1, 18
Escolas:
   Pitagóricas – 14
   Secretas – 14-15, 46, 96, 100
Esplendor – 69, 73
   para Chekhov – 70
Esperando Godot – 19
Estóico(s) – 90
Estresse – 44-45
"Eu sou", como estado – 27

F
Feldenkrais, Moshe – 65-66
Fim lucrativo – 65
Fonda, Jane – 2
Freud, Sigmund – 80

G
Gold, E.J. – 50, 58, 100n
Govinda, Lama – 61
Grécia – 4, 10, 13, 14
Gregory, André – 98
Grist for the Mill (*Moenda para o Moinho*) – 69
Grotóvski, Jerzi – 3, 18, 46
   método de treinamento – 46
   visão de – 3
Gurdjieff, G.I. – 14, 22, 39, 40, 52

H
Hamlet, o personagem – 32-33
Harmonias – 51
Hart, Roy – 47
Hatha ioga – 81
Hidrogênios, para Gurdjieff – 39-40, 52
Human Biological Machine as a Transformational Apparatus, The (*A Máquina Biológica Humana como Aparelho de Transformação*) – 50
Humor do ator – 132

I
Íbsen, Henrik – 18
Igreja, a – 14-28, 67
Imortalidade – 52, 68
Impressões, para Gurdjieff – 39-40
Improvisação – 34, 106
Improvisação interior – 106
Inibição, conceito de – 64
Ironweed – 66

Ioga – 26, 71, 81, 86
Iogue(s) – 8, 69
Ionesco, Eugene – 18

J
Japão (japoneses) – 9, 48
Jesus – 27, 47, 52, 58, 67, 90, 104
Jograis – 15
Joyce, James – 98

K
Kalu Rinpoche – 98
Krishna, Gopi – 97
Kundalini – 86, 97
Kundalini (Gopi Krishna) – 97

L
Lawrence, D. H. – 103
Lei(s) – 14
   da criação – 44
   da matéria e da energia – 38
   da necessidade – 45-46
   das tipicidades humanas – 15
   governando a inspiração – 22
Lennon, John – 70-71
Levi-Strauss, Claude – 8-9
Longevity Principles (*Princípios de Longevidade*) – 85
Luria, Rabino Isaac – 124-125

M
MacLaine, Shirley – 103
Magia negra – 58
Magnetismo animal – 72
Malle, Louis – 98
Maomé – 67
Máquina, o ser humano como – 69-76
Marceau, Marcel – 72
Máscaras:
   como personalidade – 106
   de criação – 75-76
   nas situações da vida – 106
   representativas de espíritos – 11
   uso de invocação das – 9-10, 106
Masters e Johnsons – 84
Meetings With Remarkable Men (*Encontro com Homens Notáveis*) – 14
Meierhold, Vsévold – 18, 19
Merton, Thomas – 62n, 66n, 98
Messias, o – 124-125
Mestre(s):
   função do – 91
   manifestação do – 72-76

Milagres – 71
Minha Vida na Arte – 21
Moisés – 57, 67, 70, 72
Monroe, Marilyn – 72
Moore, Mary Tyler – 2
Moriarty, Michael – 62-63
Morte – 90, 95
   como inimiga – 4
   medo da – 66, 68
Movimento neoplatônico – 17
Movimento Rápido do Olho (REM) – 43
Moyers, Bill – 68
Mozart, Wolfgang Amadeus – 98
My Dinner With André (*O Meu Jantar com André*) – 98

N
Neurose – 80
Nicholson, Jack – 109

O
One Flew Over the Cuckoo's Nest (*Um Estranho no Ninho*) – 109
Oráculos – 10
Órbita Microcósmica – 82, 83, 86
Otelo, como personagem – 47
Ouspensky, P. D. – 22n, 24n, 39, 40n, 52, 53n

P
Peck, Gregory – 2
Persona em atividade – 106
Personagens:
   atores, para Schechner – 105
   compaixão para com os – 58
   desenvolvimento – 128-134
   rendição – 59
   retratar – 70, 105, 106
Personality Types – Using the Enneagram for Self-Discovery (*Tipos de Personalidade – Usando o Eneagrama para o Autodescobrimento*) – 15-16
Players' Acting Technique
Posturas – 61-62, 130
   da ioga – 86
   interior e exterior – 105-106
   Prana – 25, 52, 113
Presença – 69
   de palco – 24
   real – 49
Psychosynthesis (*Psicossíntese*) – 98

R
Ram Dass – 69
Rama – 104

Reagan, Ronald – 2
Redenção – 90
Reencarnação – 19, 52, 90
Relaxamento – 26, 44-45
Religião xamanística – 4
Reps, Paul – 65
Respiração – 61-62, 64
Retenção orgásmica – 86
Riso, Don Richard – 15
Roberts, Jane – 103
Rothko, Mark – 98
Rudhyar, Dane – 135

S

San Juan de la Cruz – 91, 98-99
Sannyasins – 3
Schechner, Richard – 3, 11n, 105
Secrets of the Jade Chamber – 84
Shakespeare, William – 17-20
Shankara – 58
Shiva – 67
Siddhi(s) – 71
Skomorokhi (menestréis) – 16
Sócrates – 12
Sono, como estado normal – 43-50
Stalking the Wild Pendulum (*Observando o Pêndulo Selvagem*) – 38, 51
Stanislávski, Constantin – 18, 19, 21-28, 89
Strávinski, Ígor – 98
Streep, Meryl – 66, 105
Strindberg – 18
Sufismo:
   técnicas – 23
   tradição – 75

T

Tai-Chi (Chuan) – 26, 48, 62, 63
Tantra – 81, 86
Tao, o – 31-35
Taoísta(s) – 69, 71, 81, 91
Tarô – 74, 115
Taylor, Elizabeth – 2
Teatro Nô – 9-10
Teatro, definição de – 104
Téspis – 11, 12, 14, 104

To The Actor (*Para o Ator*) – 70
Trabalho espiritual:
   definição de – 19-20
   intersecção com as técnicas de atuação – 27-28
Tradição hindu – 71
Transe – 7-8, 10, 105
   canalizadores – 12-15
Transformação:
   poder de – 71-72
   sobrenatural – 99
Transmigração de almas – 14
Trapaceiro, mestre – 73

V

Van Gogh, Vincent – 40, 98
Vedas – 13
Vibração(s) – 38-39
Vipassana – 63-64
Vontade:
   centro da – 25-26, 122
   desenvolvendo antes do amor – 101
   de Deus – 97, 135
   do Eu – 97

W

Wolfsoh, Alfred – 147

X

Xamã:
   ator/xamã – 53-54
   comparado ao ator – 7-20
   definição de – 7-8
   e o analista – 8-9

Y

Yang, definição de – 31-32
Yeats – 18
Yin, definição de – 31-32
Yuan-chi, Huang – 48

Z

Zen
   budismo – 23, 62-66
   mentalização no – 61-66, 109
Zen Flesh/Zen Bones – 65

MARK OLSEN

Autodenominando-se "bisbilhoteiro cósmico", Mark Olsen tem uma sólida formação, tanto no teatro profissional quanto no caminho espiritual. Freqüentou a Trinity University em San Antonio, Texas, onde estudou representação com Paul Baker, conhecido diretor do Dallas Theatre Center, que criou as produções *Hamlet ESP* e *Jornada Rumo a Jefferson*, dramatização da obra de Faulkner, *As I Lay Dying (Enquanto Estou Morrendo)*.

Depois de sua carreira de atuação colegial, Mark deixou a linha básica de representação para estudar com o professor-mímico cabalista, Samuel Avital. Olsen viajou como artista mímico-solo e encantou platéias por todo o país. Também estudou em Nova Iorque, sob a direção de palco e arte-teatro xamanístico de E. J.Gold, psicólogo transformacional, autor, artista e ator.

Como mímico de sucesso, Mark Olsen fez excursões pelo mundo inteiro com a aclamada companhia de artistas de mímica/máscaras européia Mummenschanz. Subseqüentemente, voltou ao palco profissional em papéis como "Renfield", em *Dracula*, e "Charlie", em *The Foreigner (O Estrangeiro)*, no Victory Theatre em Dayton, Ohio. Olsen também pesquisou teatro experimental, estudando com Moni Yakim, diretor do New York Pantomime Theatre e Professor de Movimento do Julliard Conservatory Theatre School; e com o Roy Hart Theatre na França, com o qual se especializou em "arqueologia vocal" e desenvolveu notáveis técnicas de projeção dramática.

O treinamento espiritual de Mark Olsen começou na infância, no Arizona, a partir da influência de cerimônias dos nativos americanos. Além do seu trabalho no teatro com os rigorosos professores Avital e Gold, estudou artes marciais com o mestre taoísta Don Ahn, treinado na tradição zen budista, e estudou conhecimento esotérico dos misticismos cristão e hindu. Tendo vivenciado esta profunda investigação interior como parte integrante de sua vida, não é nenhuma surpresa que Mark insista na combinação do auto-desenvolvimento e das idéias universais com a sua prática de palco.

Atualmente respeitado educador no campo do teatro, Mark ensinou essa matéria na Ryerson Theatre School em Toronto, na Carnegie Mellon University, no Antioch College e no New York Open Center. Ensina atualmente interpretação na Acting Academy em Cincinatti, Ohio, e coordena o programa de interpretação na Wright State University, em Dayton.

Publicou artigos, entre os quais destacam-se:

- "The Metaphysics of Stage Combat" ("A Metafísica de Combate no Palco"), in *The Fight Master*, January, 1988.
- "Three Gentle Masters Speak" ("Três Suaves Máscaras Falam"), in *The Whole Life Times,* Jan/Feb. 1984.
- O seu método de ensino é assunto de um artigo de Stephen Policoff intitulado "The Elusive Aha!" ("O Aha Enganoso!"), in *New Age Journal*, March, 1985.

O primeiro livro de Mark Olsen em inglês, *The Golden Buddha Changing Masks – Essays on the Spiritual Dimension of Acting (As Máscaras Mutáveis do Buda Dourado – Ensaios sobre a Dimensão Espiritual da Interpretação),* é a culminação de anos de investigação sobre a interpretação e sobre disciplinas espirituais. O autor dedica seu livro aos alunos, atores e a todos os demais "bisbilhoteiros cósmicos". Para Mark, ele é parte integrante de seu trabalho para os colegas-pesquisadores da mesma categoria – especialmente os colegas-pesquisadores da atuação.

TEATRO NA PERSPECTIVA
Arte do Ator

A Arte do Ator
   Richard Boleslavski (D246)
João Caetano
   Décio de Almeida Prado (E011)
Uma Atriz: Cacilda Becker
   Nanci Fernandes e Maria T. Vargas (orgs.) (E086)
O Ator no Século XX
   Odette Aslan (E119)
O Ator Compositor
   Matteo Bonfitto (E177)
Papel do Corpo no Corpo do Ator
   Sônia Machado Azevedo (E184)
As Máscaras Mutáveis do Buda Dourado
   Mark Olsen (E207)
Eleonora Duse: Vida e Arte
   Giovanni Pontiero (PERS)
Ninguém se Livra de seus Fantasmas
   Nydia Licia (PERS)
História Mundial do Teatro
   Margot Berthold (LSC)
Dicionário de Teatro
   Patrice Pavis (LSC)